Eligius Leclerc OFM

Weisheit eines Armen

Eligius Leclerc OFM

Weisheit eines Armen

Ein Jahr im Leben des Franz von Assisi

Deutsche Ausgabe von Rainulf Schmücker OFM †

Tyrolia-Verlag · Innsbruck – Wien

Bibliografische Information Der Deutschen Bibliothek

Die Deutsche Bibliothek verzeichnet diese Publikation in der Deutschen Nationalbibliografie; detaillierte bibliografische Daten sind im Internet über http://dnb.ddb.de abrufbar.

ISBN 3-7666-2093-2 Verlag Butzon & Bercker
ISBN 3-7022-2472-6 Tyrolia-Verlag

Die Originalausgabe erschien 1959 unter dem Titel „Sagesse d'un pauvre". Collection: Présence de Saint François 7.
© 1959 Les Éditions Franciscaines, 9, Rue Marie-Rose, 75014 Paris.

Deutsche Neuausgabe: © 2002 Verlag Butzon & Bercker D-47623 Kevelaer
Alle Rechte der deutschsprachigen Ausgabe vorbehalten
Umschlaggestaltung Ausgabe Butzon & Bercker: Hötzel, RFS & Partner, Stadtlohn
Umschlaggestaltung Ausgabe Tyrolia: Daniela Authried unter Verwendung eines Freskos von Cimabue, Assisi, San Francesco, um 1280
Satz: Fotosatz Rosengarten, Kassel
Druck und Bindearbeiten: Bercker Graphischer Betrieb, Kevelaer

Vorwort zur deutschen Ausgabe

„Es gibt zuviele Minderbrüder." Das Wort stammt nicht von einer kirchlichen Behörde oder der klerikalen Konkurrenz. Es ist ein Seufzer des heiligen Franziskus aus jener Zeit, als er sich des Herzproblems seiner Ordensgründung bewußt wurde. Würde sich das bis dahin in ein paar Gruppen gelebte, ganz neue und fast übermenschliche Ideal der radikalen Nachfolge Christi in einem Orden mit Tausenden von Mitgliedern bewahren lassen? Die Vorstellung ängstigte ihn.

Viele Männer sind *im* Orden des Franziskus heilig geworden, Franziskus selbst ist *an* seinem Orden zur höchsten Vollendung gereift. Wie schmerzlich das vor sich ging, erzählt Eligius Leclerc in diesem geistlich-geistvollen Büchlein.

In der ersten schweren Krise seines Ordens hatte Franziskus „das Gefühl zu scheitern, aber in seinem Scheitern erwartete ihn Gott und ließ ihm die letzte Läuterung zuteil werden" (S. 14). Krise seines Ordens – das ist nicht so verwunderlich. Wenn eine religiöse Gemeinschaft mit einem bestimmten, fest umrissenen Zweck in die Welt tritt: die Nichtchristen in fernen Landen zu bekehren oder die Liturgie alle Tage feierlich zu begehen oder Christus im Sakrament ständig anzubeten oder Kranke zu pflegen oder junge Leute zu erziehen, dann ist alles klar. Aber als Franziskus seinen Orden gründete, damit Menschen dort nach dem Evangelium leben sollten, „ja einfach nur leben, nur das, aber das ganz und gar" (S. 44); wenn sie dabei einen Heiligen vor Augen hatten, der schließlich sogar die Wundmale seines Herrn an sich trug; wenn sie im übrigen „tun" sollten, was sich seelsorglich, missionarisch, erzieherisch ergab; wenn es also zuerst und dringlichst um eine religiöse Lebensform und nicht um eine Lebenstätigkeit ging; wenn sich dann ungeahnt schnell Tausende zu diesem Ideal drängten, deren Leben organisiert werden mußte von einem organisatorisch talentlosen Mann (wenn sich denn überhaupt die Einübung in eine arme, einfältige, friedfertige, menschenliebende, demütige Lebensform organisieren läßt) – dann war in der vielfältigen Überschneidung von Ziel und Mitteln und Tätigkeiten zunächst noch fast gar nichts klar. Höchstens, daß es zu einer Krise kommen mußte und daß es auch später wieder geistliche Unruhen und beherzte Erneuerungen würde geben müssen. Selbst widerwillige Kritiker wundern sich darüber, daß dieser Orden bis heute so gut, wenn auch „unverbesserlich", über die Zeiten gekommen ist.

Jene erste Krise zeichnet der Autor in seiner Einführung und en passant in seiner Erzählung nur mit ein paar Strichen. Sein Thema ist der innere Weg des Franziskus von der Trauer und der Verzweiflung angesichts des scheinbaren Verrats an seinem Ideal bis dahin, wo er sich mit dem in tiefster Qual erkannten Willen Gottes einverstanden erklärt: „Gott ist Gott, das genügt". Und Gott zu ihm: „*Ich beschütze deine Herde und weide sie*" (S. 59). Dieser Akt des radikalen Verzichts, der höchsten geistlichen Armut, trägt ihm die tiefste Weisheit ein.

Der Autor schildert in zwölf Abschnitten ein Jahr aus jener bedrängenden Zeit, von einem Generalkapitel zu Pfingsten in Portiunkula bis zum nächsten. Es mag 1221–22 gewesen sein, oder auch ein Jahr später. Schon diese Anlage des Berichtes beweist eine kluge Erzähltechnik. Franziskus hat den heroischen Gipfel der Armut und Weisheit wahrlich nicht in einem Schritt geschafft, und über die zwölf Stationen kann der Autor die Wandlung Schritt für Schritt entwickeln. Dadurch sodann, daß er seinen Franziskus diese Monate in einer Bergeinsiedelei des Apennin verbringen läßt, schafft er ihm die Atmosphäre und die Stille konzentrierter Meditation und sich selbst die Gelegenheit, seine besondere Art von Naturbeschreibung zu entfalten, nicht eine botanisch-zoologische Kenntnis, sondern eine franziskanisch-liebevolle Vertrautheit mit allen Geschöpfen auf der Erde und am Himmel. Er läßt die Natur mitspielen. Es fällt auf, daß Franziskus meist unter freiem Himmel meditiert und diskutiert.

Selten ist die Vorstellung von dem angeblich blumen- und tierseligen Franziskus so radikal und so theologisch und derart anschaulich zunichte gemacht worden. Der Heilige ist allen Kreaturen deshalb brüderlich verbunden, weil sie mit ihm in Seufzen und Wehen die eschatologische Herrlichkeit, „die neue Erde" (2 Petr 3,13), sehnsüchtig erwarten (Röm 8,19–22). Sie sind stumm, aber weil Franziskus die Schöpfung bis auf den Grund durchschaut, hört er auch der Kreaturen schweigende Klage. Auch ihnen muß das Reich Gottes verkündet werden (S. 45). Weil er sich im ärgsten Schmerz zu Gott hin befreit hat, begrüßt das Rudel Hirsche mit großen Augen und gerecktem Hals den „Befreiten, den Bruder Mensch", der das Leiden Christi besingend durch den nächtlichen Wald schreitet (S. 84). Die Stimmen der Vögel, das Rascheln der Blätter und sogar das stille Wachsen des Lebens sind ihm eine geheimnisvolle göttliche Sprache, und der Wind ist sein Freund geworden (S. 69). Am Karsamstag hört Franziskus „das erdenweite Gemurmel der gesamten Schöpfung, die in ihren Tiefen das Oster-Halleluja übt" (S. 52), und er weiß, daß an Ostern „die christliche Erde begierig das Blut des Erlösers trinkt" (S. 53).

Was in dieser Erzählung an Begebnissen und Begegnungen steht, was Franziskus und seine Gefährten überlegen, denken, sagen, ist historisch belegt. So beispielshalber die Bitte des Novizen um einen eigenen Psalter (S. 31 ff.), der Drang des Bruders Rufin zum Eremitenleben (S. 38 ff.), das schon erwähnte Wort des Franziskus von den zuvielen

Minderbrüdern (S. 17) und die tröstende Versicherung Gottes, er selbst sei der Hirte der Herde (S. 59). Die Veranschaulichung aber, insbesondere die Fassung der ausführlichen Dialoge, stammt vom Autor. Er legt Wert auf „jene Zuverlässigkeit, die im Vergleich zur einfachen historischen Erzählung weniger dem Wortsinn gilt, sondern die dazu zwingt, nach innen in die Tiefe vorzustoßen" (S. 12). „Tiefe" ist des Autors meistgebrauchtes Wort.

In der franziskanischen Literatur gibt es kaum etwas Besseres als diese Darstellung, wenn man begreifen will, ein wie schmerz- und glorreicher Ordensgründer Franziskus gewesen bzw. geworden ist, und wenn man sich die Spiritualität seiner Christusnachfolge vergegenwärtigen möchte.

R. S.

Inhaltsverzeichnis

Vorwort zur deutschen Ausgabe 5
Einführung 11
1. Wenn kein Friede mehr ist 15
2. Allein in der Nacht 22
3. Der letzte Stern 28
4. Ein Armer in Bedrängnis 31
5. Die Finsternis wächst 37
6. Morgendämmerung? 43
7. Ein Lerchenlied über den Äckern 53
8. Anbetung 61
9. Nichts verachten! 68
10. Man kann die Sonne nicht am Scheinen hindern 74
11. Wie trockenes Holz im Winterwald 85
12. Heller als der Sommersonnenschein 90

Einführung

Daß uns die Einfalt abhanden gekommen ist – die Klage wiegt vielleicht am schwersten unter allen Vorwürfen gegen unsere Zeit. Mit diesem Urteil verurteilt man nicht unbedingt die Fortschritte der Naturwissenschaften und der Technik, auf die unsere Welt so stolz ist – der Fortschritt an sich verdient Bewunderung –, aber man räumt ein, daß er nicht ohne bedeutende Einbußen an Menschlichkeit erreicht worden ist: Der Mensch, der sich seiner Naturwissenschaft und Technik rühmt, hat an Reinheit verloren.

Gewiß muß man sofort hinzufügen, daß auch bei unseren Vorfahren nicht alles Reinheit und Einfalt war. Das Christentum hatte die alte Bauern- und Bodenweisheit, die der Mensch aus dem Umgang mit der Erde gewinnt, übernommen. Bei vielen unserer Vorfahren gab es sicher mehr Boden als Christentum, mehr Erdenschwere als Gnade. Aber der Mensch von damals hatte kräftige Wurzeln. Wenn er sich zum Glauben aufschwang, lebte er – nicht anders als wenn er sich treu an sein Menschentum hielt – aus besonders starken, vitalen, instinktiven Bindungen. Sie waren durchaus noch nicht so brüchig und schlaff wie heute. Er fühlte sich einfach und einfältig der Welt zugehörig.

Als er sich dieser Einfalt begab, verlor er auch das Geheimnis des Glücks. Trotz all seiner Naturwissenschaften und seiner Technik steht er nun da, unruhig und allein. Allein im Angesicht des Todes. Eingekeilt in die große Masse Mensch, allein mit der Untreue, seiner eigenen und der der anderen. Allein im Streit mit seinen Dämonen, die nicht von ihm gewichen sind. Gelegentlich, in Stunden der Erhellung, begreift der Mensch, daß er nirgends, rein nirgendwo das frohe und tiefe Vertrauen in das Leben wiedergewinnen kann, es sei denn, er griffe auf etwas Ursprüngliches zurück und fände damit wieder zum Geist der Kindschaft. „Wenn ihr nicht werdet wie die Kinder, werdet ihr nicht ins Himmelreich eingehen." Dies Wort des Evangeliums war anscheinend noch niemals so prall voll von menschlicher Wahrheit wie heute.

Auf dem Weg zum Geist der Kindschaft hat uns ein Mann von der Einfalt und Friedfertigkeit des Franziskus etwas zu sagen. Etwas Wesentliches, etwas Entscheidendes. Dieser mittelalterliche Heilige ist uns erstaunlich nahe. Er scheint unser Drama im voraus geahnt und begriffen zu haben, als er schrieb: „Gruß Dir, Königin Weisheit! Gott schütze dich durch deine Schwester, die reine Einfalt!" Wir spüren es nur zu gut: Weisheit finden wir Wissensmächtigen nicht, wenn wir nicht zurückkehren zur lauteren Einfalt. Aber wer kann uns denn besser lehren, was lautere Einfalt ist, als der Arme aus Assisi?

Dies Büchlein möchte die Weisheit des Franziskus beschwören, sein Wesen, die Abgründe seiner religiösen Haltung vor Gott und den Menschen. Ich wollte keine Biographie schreiben, doch habe ich auf jene Zuverlässigkeit gehalten, die im Vergleich zur einfachen historischen Erzählung weniger dem Wortsinn gilt, sondern die dazu zwingt, nach innen, in die Tiefe vorzustoßen. Man kann sich einem Leben wie dem des Franziskus von außen nähern und allmählich versuchen, von den Fakten her zum Wesen des Heiligen vorzudringen. Dies Verfahren ist normal und auf jeden Fall unumgänglich. Aber wenn man so verfahren ist und man schließlich etwas von dem inneren Reichtum erfaßt hat, dann kann man dieser Fülle Ausdruck zu geben, sie sinnfällig zu machen versuchen. Dabei muß man sich, will man den entdeckten Reichtum nicht verschleudern, wohl um eine Darstellung bemühen, die mehr mit Kunst als mit eigentlicher Geschichtsschreibung zu tun hat.

Dieses Bemühen um eher geistliche als buchstäbliche Zuverlässigkeit war immer im Spiel, als ich mich daran machte, dem Leser die Erfahrung des Franziskus unter ihrem doppelten Aspekt nahezubringen. Der eine: Seine Erfahrung sprüht von Sonne und Gnade. Der andere: Sie versinkt in die Nacht der großen Entäußerungen. Diese beiden Aspekte sind nicht voneinander zu trennen. Die Weisheit des Armen aus Assisi, so spontan und leuchtend sie uns erscheinen mag – auch sie unterliegt dem allgemeinen Gesetz, auch sie ist aus Erfahrung und Prüfung erwachsen. Sie ist mit der Zeit in stets tiefer reichender Einkehr und Entäußerung gereift.

Diese Entäußerung erreichte ihren Höhepunkt in jener schwersten Krise, die seinen Orden je erschüttert und die er an sich selbst auf außerordentlich schmerzhafte Weise erfahren hat. In der folgenden Erzählung habe ich mich bemüht, die tiefreligiöse Haltung des Franziskus während dieser harten Prüfung darzustellen. Die Erfahrung der Geborgenheit, die Rettung am Ende einer Periode schwerster Bedrängnis hat ihm die Weisheit erschlossen: „Gruß Dir, Königin Weisheit! Gott schütze dich!" Franziskus hat begriffen, daß sogar die Weisheit geschützt, gerettet werden muß, daß sie nur die Weisheit von Menschen sein kann, die aus Bedrängnis gerettet wurden.

Zu der Krise, die hier darzustellen ist, kam es bekanntlich infolge der schnellen Entwicklung des Ordens und durch den Masseneintritt von Klerikern in die Gemeinschaft der Brüder. Diese neue Situation brachte ein sehr schwieriges Anpassungsproblem mit sich. Die inzwischen sechstausend Brüder konnten nicht mehr leben, als seien sie nur erst ein Dutzend. Anderseits kamen in der Kommunität neue Bedürfnisse deshalb auf, weil nun viele Gebildete da waren. Das ursprüngliche Ideal war den neuen Bedingungen anzupassen. Franziskus sah das sehr genau. Aber er war sich auch bewußt, daß unter den Brüdern, die diese Anpassung verlangten, viele von einem anderen Geist getrieben waren als er selbst. Niemand kannte besser als er das Neue und Eigenständige seines Ideals. Er fühlte sich für diese Lebensordnung, die der Herr selbst ihm im Evangelium geoffenbart hatte, verantwortlich. Es kam vor allem darauf an, diese ursprüngliche, gottgeschenkte Inspiration nicht preiszugeben. Außerdem zeigten sich seine Gefährten der ersten Stunde mit Recht empfindlich, man mußte sie schonen; unüberlegte Neuerungen würden diese einfachen Seelen sicher verstören. Es stellte sich bald heraus, daß man die Anpassung nur behutsam angehen konnte. Sie verlangte viel Unterscheidungsvermögen, Takt und Zeit. Diese Voraussetzungen aber wurden nicht beachtet. Die Generalvikare, denen Franziskus die Leitung des Ordens für die Zeit seines Aufenthaltes im Orient anvertraut hatte, entfalteten eine ungestüme Aktivität; sie brachen die Brücken hinter sich ab. Das führte zu einer sehr schweren Krise, der Orden hätte leicht auseinanderbrechen können.

Die Krise wurde für Franziskus zu einer furchtbaren Prüfung. Er hatte das Gefühl zu scheitern, aber in seinem Scheitern erwartete ihn Gott und ließ ihm die letzte Läuterung zuteilwerden. Mit zerrissenem Herzen trat der Arme von Assisi in die Phase vollständiger und endgültiger Selbstentäußerung ein. Durch Not und Tränen sollte er endlich zu Frieden und Freude finden. Zugleich rettete er die ihm Anvertrauten, er öffnete ihnen die Augen für die Einsicht, daß die höchste Form der evangelischen Armut auch die einzige ist, die der Wirklichkeit standhält, daß man nämlich die Realität Gottes und des Menschen ganz und gar gelten lassen und akzeptieren muß. So wies er seinem Orden den Weg des Heils: Dieser isolierte sich nicht in einer Art von vorweggenommenem Protestantismus, sondern die Kirche sicherte ihm das innere Gleichgewicht und seinen Bestand.

1. Wenn kein Friede mehr ist

Bruder Franziskus und Bruder Leo hatten die staubige, sonnenheiße Straße, auf der sie seit Stunden unterwegs waren, verlassen und einen schmalen Pfad genommen, der in die Wälder führte und direkt auf den Berg zulief. Todmüde, wie sie waren, kamen sie nur langsam voran. Unterwegs war es sehr heiß gewesen, unter der sengenden Sonne und in ihrem braunen Habit. Deshalb wußten sie jetzt den Schatten unter den Buchen und Eichen zu schätzen. Doch der Pfad in dem ausgewaschenen Bachbett führte steil bergan. Ihre nackten Füße rutschten bei jedem Schritt auf den Steinen aus.

Wo der Hang noch steiler wurde, verhielt Franziskus und holte tief Atem. Auch sein Begleiter, einige Schritte voraus, blieb stehen, wandte sich zu ihm um und fragte, Respekt und Liebe in der Stimme: „Sollen wir uns hier einen Augenblick ausruhen, Vater?"

„Ja gern, Bruder Leo."

Die beiden Brüder setzten sich am Wegrand nebeneinander, den Rücken gegen den Stamm einer gewaltigen Eiche gelehnt.

„Du siehst sehr müde aus, Vater."

„Ja, ich bin wirklich müde. Und du wohl auch. Aber da oben in der Bergeinsamkeit kommt alles wieder in Ordnung. Es wurde Zeit, daß ich fortging. Ich hielt es unter meinen Brüdern nicht mehr aus."

Franziskus schwieg, schloß die Augen und rührte sich nicht, die Hände um die Knie geschlungen, den Kopf leicht zurückgebogen und gegen den Baum gestützt. Leo beobachtete ihn aufmerksam. Er erschrak. Das Gesicht des Franziskus war hohl, abgezehrt, ja es war entstellt, verdüstert von tiefer

Trauer. Nicht das geringste Leuchten mehr auf diesem früher so strahlenden Antlitz. Überall die Schatten der Angst, jener ganz nach innen gekehrten Angst, die ihre Wurzeln bis in den Untergrund der Seele senkt und sie langsam auszehrt. Ein Gesicht wie das eines von den Schrecken des Todes Befallenen. Die Stirn im Kummer wie verriegelt, Falten der Bitterkeit um den Mund.

Eine Taube, die sich über ihnen im dichten Laub der Eiche verbarg, ließ ihr klagendes Gurren hören. Aber Franziskus bemerkte es nicht. Er war tief in Gedanken. Sie trugen ihn gegen seinen Willen ständig nach Portiunkula zurück. Sein Herz hing an diesem bescheidenen Flecken Erde bei Assisi mit seiner kleinen Marienkirche, die er mit eigener Hand wiederhergestellt hatte. Hatte ihm der Herr nicht dort vor fünfzehn Jahren die Gnade erwiesen, mit einigen Brüdern das Leben nach dem Evangelium zu beginnen? Ja, damals war alles schön und licht, ein wahrer umbrischer Frühling. Die Brüder bildeten wirklich eine Gemeinschaft von Freunden. Ihre Beziehungen untereinander waren unbeschwert, einfach, klar. Wie Quellwasser so klar. Jeder ordnete sich allen anderen unter und hatte nur den einen Wunsch, dem Leben und der Armut des höchsten Herrn Jesus Christus nachzueifern. Und der Herr hatte diese kleine brüderliche Gemeinschaft gesegnet. Sie war schnell gewachsen. Überall in der Christenheit waren kleine Brüdergemeinschaften aufgeblüht. Doch jetzt war das alles vom Ruin bedroht. Mit der schlichten Eintracht war es aus. Unter den Brüdern gab es harte Diskussionen und üble Nachreden. Einige, zwar spät in den Orden eingetreten, aber beredt und einflußreich, erklärten frank und frei, die Regel in ihrer jetzigen Gestalt genüge den Bedürfnissen der Gemeinschaft nicht mehr. Sie wußten, was sie wollten. Man müsse, sagten sie, diese Masse von Brüdern in einem solide konstituierten und hierarchisch gegliederten Orden organisieren. Dazu müsse man sich an der Gesetzgebung der großen alten Orden orientieren und dürfe vor umfassenden und dauerhaften Strukturen keine

Angst haben, dann bekäme der Orden der Minderbrüder sein eigenes Haus. Denn schließlich gehe es in der Kirche zu wie überall: Wie man sich bettet, so liegt man.

Diese Brüder haben, dachte Franziskus traurig, keinen Sinn für die Einfalt und die Demut des Evangeliums.

Er sah, wie sie das Bauwerk untergruben, das er mit Hilfe des Herrn errichtet hatte. Das tat weh, abscheulich weh. Und dann gab es noch die anderen, die sich unter dem Vorwand der Freiheit des Evangeliums oder auch, um sich den Anschein der Selbstverachtung zu geben, allerlei Eigenheiten und Eigenwilligkeiten übelster Art erlaubten. Wie sie sich aufführten, das verstörte die Gläubigen und diskreditierte alle anderen Brüder. Auch diese Brüder untergruben das Werk des Herrn.

Franziskus schlug die Augen auf, blickte starr vor sich hin und sagte leise: „Es gibt zuviele Minderbrüder."

Dann erhob er sich plötzlich, als wolle er die bedrückende Vorstellung abschütteln, und setzte seinen Weg fort.

„Ich habe es eilig, da oben anzukommen und wieder in einem richtigen Hort des Evangeliums zu weilen. Auf dem Berge ist die Luft reiner, und die Menschen sind näher bei Gott."

„Unsere Brüder Bernhard, Rufin und Silvester werden sich freuen, dich wiederzusehen."

„Ich auch, ich bin froh, sie wiederzusehen. Sie sind mir treu geblieben. Sie sind Gefährten der ersten Stunde."

Leo ging voraus. Franziskus hatte Mühe, mit ihm Schritt zu halten; er dachte an die letzten Monate, die er im Kloster Portiunkula verbracht hatte, er hatte alles daran gesetzt, seine Brüder auf den Weg ihrer Berufung zurückzubringen. Zum letzten Generalkapitel auf Pfingsten waren sie alle zusammengekommen. Er hatte ihnen deutlich gesagt, was er dachte. Aber er war sich bald darüber klar geworden, daß er und eine bestimmte Gruppe der Gemeinschaft nicht mehr dieselbe Sprache redeten. Verlorene Mühe, sie überzeugen zu wollen.

Da war er vor die versammelten dreitausend Brüder hingetreten. So stolz und wild wie eine Mutter, der man ihre Kinder nehmen will. Und er hatte gerufen: „Das Evangelium bedarf keiner Rechtfertigung. Man nimmt es an oder man läßt es bleiben." Seine ersten Jünger, die treuen Gefährten, hatten sich darüber gefreut. Sie hofften, er werde die Leitung seines Ordens wieder in die Hand nehmen. Aber seine physischen Kräfte ließen ihn im Stich. Er war mit völlig zerrütteter Gesundheit aus Palästina zurückgekommen. Den Unzufriedenen konnte nur ein starker Mann, eine robuste Chefnatur, entgegentreten. Der Ordensprotektor, Kardinal Hugolin, hatte geraten, Bruder Elias zu nehmen, und Franziskus hatte zugestimmt, freilich nicht ohne Bedenken.

Er war leber- und magenkrank und hatte eine Infektion an den von der Sonne und von seinen Tränen entzündeten Augen. So hatte er sich entschieden, zu schweigen und zu beten. Trotzdem war eine lastende Traurigkeit über ihn gekommen. Wie eine Art Brand befiel sie seine Seele, setzte ihr zu, nagte Tag und Nacht an ihr. Die Zukunft seines Ordens erschien ihm sehr düster. Er sah seine Brüder uneins. Man berichtete ihm vom schlechten Beispiel mancher Brüder und von dem Ärgernis, das ihr Verhalten bei den Gläubigen hervorrief. Bruder Elias, sein Vertreter an der Spitze des Ordens, spielte den großen Herrn und hielt zu den Neueren. Der Kummer, der an Franziskus zehrte, war zu groß, als das er ihn hätte verbergen können. Es gelang ihm nicht mehr, mit seinen Brüdern so offen und fröhlich umzugehen wie sonst. Deshalb hatte er sie jetzt verlassen, um seine Not weit weg auf dem tief in den Wäldern gelegenen Berg zu verstecken. Er hatte beschlossen, sich in eine jener Einsiedeleien zurückzuziehen, die er selbst ein paar Jahre zuvor auf den Hängen des Apennin gegründet hatte. Mindestens dort, im Schweigen und in der Einsamkeit, würde er nicht mehr von schlechten Beispielen reden hören. Und dann würde er fasten und beten, bis der Herr sich seiner erbarmen und ihm gnädig sein Antlitz zeigen werde.

Franziskus und Leo waren auf der Höhe des ersten Hügels angekommen; vor ihnen erhob sich ein kleiner Berg, in dessen Wäldern sich die bescheidene Einsiedelei der Brüder verbarg. Sie verhielten einen Augenblick und betrachteten die grünende Pyramide, die sich vorn auf einem Hang des Apennin erhob. Das Grün, das den Berg auf der ihnen zugewandten Seite bedeckte, entzog den Blicken dessen rauhe und wilde Natur. Die rückwärtige Seite, die man nicht sah, die Franziskus aber sehr gut kannte, stürzte viel steiler ab und bestand aus felsigem Geröll. Über dem Berg und soweit der Blick reichte war der Himmel wunderbar klar und hell. Ein schöner, ruhiger Spätsommerabend. Die Sonne war gerade am Horizont hinter dem Kamm der hohen Berge verschwunden. Man gewahrte da, wo sie untergegangen war, nur noch einen lichten Dunst. Die Luft begann kaum merklich abzukühlen. Ein leichter bläulicher Schwaden trieb hie und da wellig über die ins Violette spielenden Schluchten.

Der Pfad zog sich jetzt in Serpentinen an der Flanke des Berges hinauf. Die beiden Brüder gingen langsam und schweigend weiter. Franziskus bewegte sich ein wenig gebeugt, die Augen am Boden. Mit dem schleppenden Schritt eines Mannes, der sich unter einer schweren Last krümmt. Aber nicht die Last der Jahre drückte ihn. Er war kaum vierzig. Und auch nicht die Last seiner Sünden, wiewohl er sich vor Gott noch nie so tief schuldig gefühlt hatte wie jetzt. Und es war auch nicht die Last des Ordens im allgemeinen. Er kannte den Orden nicht im allgemeinen. Er kannte überhaupt nichts bloß im allgemeinen. Und um ihn zu beugen, mußte schon viel Schwereres über ihn kommen als abstrakte Ideen. Die Gedanken und Sorgen jedes einzelnen Bruders im besonderen waren der Grund dafür, daß er so, fast taumelnd, dahinschritt. Wenn er sich seiner Brüder erinnerte – und seine Gedanken waren ständig bei ihnen –, sah er jeden von ihnen in seiner Eigenart, mit seinen besonderen Freuden und Leiden vor sich; diese mit ihnen zu teilen, hatte Franziskus eine ganz besondere

Gabe. Er spürte das Drama, das sich zu dieser Stunde in den Herzen vieler seiner Söhne abspielte. Und er spürte dies Drama mit den persönlichen Nuancen bei jedem einzelnen tief und bedrängend. Er besaß ein außerordentlich starkes Mitgefühl. Es war in ihm wie ein mütterlicher Instinkt. Vielleicht war dies Gespür ein Erbe seiner Mutter Pica. „Wenn eine Mutter ihren leiblichen Sohn nährt und liebt", wiederholte er gern, „um wieviel mehr müssen wir unsere geistlichen Brüder nähren und lieben!"

Als er noch ein junger Mann war und in der Welt lebte, machte sein auf alles und jedes reagierende Gespür aus ihm ein besonders empfängliches und verletzliches Wesen; er war hingerissen von allem Lebendigen, Jugendlichen, Adeligen und Schönen, von den Heldentaten der Ritter, von den höfischen Liedern, von den Schönheiten der Natur, vom Zauber der Freundschaft. Aber dieses Gespür öffnete sein Herz auch für die Armen. Es erschütterte ihn, als ein Bedürftiger sich mit den Worten an ihn wandte: „Um der Liebe Gottes willen." Seine Bekehrung hatte sein Menschentum mit seinen natürlichen Antrieben nicht gebrochen, sie hatte es nur verinnerlicht und geläutert. Gott hatte Franziskus damals die Vergeblichkeit seines bisherigen Lebens fühlen lassen. Und er war wach geworden für Anrufe, die ihn noch eindringlicher treffen sollten. Für den des Aussätzigen, dem er eines Tages auf der Flur von Assisi begegnete und den er trotz heftiger Abneigung umarmte. Für den des Kruzifixus in der kleinen Kirche San Damiano, der vor seinen Augen lebendig geworden war und zu ihm gesagt hatte: „Geh, Franziskus, reparier mein Haus, du siehst, daß es zerfällt." So hatte sein starkes Mitgefühl an Tiefe gewonnen und war zugleich zu einer ständig wachsenden Leidensfähigkeit geworden.

Der Tag ging zu Ende. Unter den Ulmen und Pinien entlang der Felsenwand wurde es schon dunkel. In den Bäumen schrie ein Nachtvogel. Bruder Leo bemerkte: „Wir werden nicht vor Anbruch der Nacht da sein."

Franziskus sagte nichts, aber er dachte bei sich, so sei es besser. Die Brüder der Einsiedelei würden dann seine Trauer nicht so leicht bemerken.

Sie passierten die kleine Quelle, an der die Brüder täglich Wasser holten; das Murmeln der Quelle signalisierte im Dunkeln menschliche Nähe. Jetzt hatten sie nicht mehr weit bis zu ihrem Ziel. Noch ein oder zwei Steinwürfe. Da regte sich plötzlich ein Zweifel in Franziskus. Wenn er in ein Haus kam, rief er immer: „Friede diesem Hause!", wie es der Herr im Evangelium verlangt. Aber hatte er noch das Recht dazu? War es nicht unredlich von ihm, etwas anzubieten, das er nicht besaß, und als Botschafter des Friedens aufzutreten, wo doch sein Herz ganz ohne Frieden war? Franziskus hob die Augen zum Himmel. Zwischen den Ästen der Pinien, die ihre schwarze Masse rechts und links des Pfades aufreckten, spannte sich ein schmales Band tiefblauen Himmels. Am Firmament zogen allmählich die Sterne auf. Franziskus seufzte. In seiner Nacht gab es keine Sterne. Aber mußte es denn Tag werden, damit man dem Evangelium Folge leistete und sich der Weisung des Herrn fügte?

Gerade kamen sie auf der Höhe der kleinen Kapelle der Einsiedelei an. Bruder Leo war schon hinter ihr verschwunden. Da rief Franziskus laut in das Schweigen der Nacht: „Im Namen des Herrn: Friede diesem Hause!" Und das Echo in den Wäldern gab zurück: „Diesem Hause!"

2. Allein in der Nacht

Das Haus der Brüder drängte sich dicht an die kleine Kapelle. Konnte man es überhaupt ein Haus nennen? Eine Hütte aus Lehm, mit Reisig gedeckt. Fünf oder sechs Personen, dann war kein Platz mehr. Das Tageslicht fiel spärlich durch eine schmale Öffnung in der Wand. Als Fußboden diente der nackte Fels. Eine Steinbank und ein großes Kreuz aus schwarzem Buchsbaumholz an der Wand waren das ganze „Mobiliar". In einer Ecke die Feuerstelle aus ein paar schweren Steinen. Die Hütte diente den Brüdern gleichzeitig als Küche, Refektor und Versammlungsraum, aber nicht als Wohnung. Ihre Zellen lagen in der Nähe am steilen Hang des Berges; es waren natürliche, ziemlich tiefe Grotten, der Weg dorthin führte über eine Geröllhalde. Um diese lichtlosen Löcher in der Gesteinswand zu erreichen, mußte man schon ziemlich wendig sein, mußte sich leicht und von Vorsprung zu Vorsprung springend bewegen. Wie die Gemsen. Denn an einigen Stellen hing man manchmal über der Schlucht.

Daß Franziskus und Leo gekommen waren, hatte am Leben der Brüder, einem übrigens sehr einfachen Leben, nichts geändert. Man hielt sich hier oben an die Regel, die Franziskus vor kurzem eigens für die Einsiedeleien diktiert hatte. „Die Brüder, die ein gemeinschaftliches Leben in den Einsiedeleien führen wollen", hatte Franziskus angeordnet, „sollen dort zu drei oder höchstens zu vier wohnen. Zwei sollen sich mit den materiellen Dingen befassen und den für alle nötigen Unterhalt besorgen. Sie sollen sich als die Mutter und die anderen als ihre Söhne betrachten. Sie müssen leben wie Martha, während die beiden anderen nur dem Gebet obliegen dürfen, bis die beiden Gruppen ihre Aufgaben tauschen."

So befaßten sich also jeweils zwei Brüder mit dem materiellen Unterhalt der kleinen Kommunität, die anderen gaben sich ungestört dem Gebete hin. In dieser wilden, abschüssigen Landschaft, wo jeder Weg aus strapaziösen Anstiegen und steilen, gefährlichen Abstiegen bestand, wurde auch der Leib einer Lockerungs- und Reinigungsübung unterzogen; sie machte ihn dem Geist gefügiger. Um das Gebetsleben durchzuhalten, mußte man etwas vom Jongleur oder Akrobaten haben. Man durfte sich nicht scheuen, auf den Händen zu kriechen und die Kleidung am rauhen Gestein zu zerreißen. Eine solche Akrobatik war in den Augen des Franziskus eine Art Gotteslob. Und eine große Weisheit. Leib und Seele beschwingten einander in engem Kontakt und gewannen im wahren Frieden des Geistes ihre Einheit zurück.

Dieses unbequeme, glanzlose Leben vertrug keine irgendwie geartete Künstlichkeit. Hier wurde der Mensch gezwungen, sich der Wahrheit über sich selbst zu stellen. Seine Worte und Gesten wurden sparsamer. Sogar die Gefühle wurden ruhiger und einfacher. Nicht weil man las oder sich auf sich selbst besann, sondern durch jenen heiligen, harten Gehorsam gegenüber den Dingen, zu dem die Armut zwingt, wenn sie in ihrer ganzen Strenge angenommen wird. Eine harte Schule. Hier lernte der Mensch eine neue, viel einfachere und realistischere Art von Gefühl.

In der Einsiedelei kannte man an Büchern nur das Rituale, das Missale und das Brevier. Hinzu kam, daß es für alle Brüder zusammen nur je ein Exemplar gab. Aber das Wort Gottes in diesen Büchern gewann hier oben wieder seinen ganzen Sinn und gewissermaßen seine ursprüngliche Frische. Hätte man noch andere Lektüre gehabt, sie hätte das Wort Gottes ausgelaugt oder gestört. Und übrigens hilft ja nichts so sehr, das Wort des Heiles auszukosten und zu begreifen, wie wenn man auf der Grenze lebt. Nur wenn man allen Unwettern ausgesetzt ist, weiß man richtig, was ein Dach ist. Und so auch: Erst wenn man fern von jedem menschlichen Beistand und von allem lebt, was dem Dasein für gewöhnlich einen Schein von Sicherheit gibt, spürt man die Wahrheit von Worten wie diesem: „Mein Fels, meine Burg bist du." Denn dann erträgt es der Mensch ohne Angst, sein Dasein schwanken zu sehen wie den zarten Stengel der wilden Orchidee in der Felsspalte über der steilen Schlucht. Wenn die Brüder sich unter dem schwindenden Abendlicht in der kleinen Kapelle zur Komplet versammelten und den Vers rezitierten: „Bewahr uns, Herr, wie deinen Augapfel", dann spürten sie, daß ihnen diese Worte Kraft gaben. All diese Texte hatten für sie die Würze der Realität. Da gab es nicht einerseits Gott und anderseits die Realität. Gott selbst war real in den realen Dingen.

Franziskus hatte schon manches Mal erfahren, wie gut ihm dieses Leben in der Einsamkeit tat, aber diesmal fand er, obwohl schon mehrere Tage seit seiner Ankunft vergangen waren, keinen Frieden. Früh morgens wohnte er der Messe bei, die Bruder Leo zelebrierte. Dann zog er sich in die Einsamkeit zurück. Dort betete er lange, von schweren Ängsten bedrängt.

Er hatte dann den Eindruck, Gott habe sich von ihm zurückgezogen, und am Ende fragte er sich, ob er sich nicht überfordert hatte. In solchen Augenblicken nahm er, um seiner Trauer Ausdruck zu geben, Zuflucht zu den Psalmen. „Du hast mir meine Freude genommen", sprach er zu Gott. „Ich bin fremd geworden unter meinen Brüdern. Meine Augen vergehen im Schmerz. Ich strecke meine Hände aus nach dir. Warum verstößt du mich? Warum verbirgst du dein Angesicht vor mir? Schrecken umfängt mich, ich bin verstört."

Noch dringender wurde sein Gebet, wenn er den Vers sprach: „Lehre mich deine Wege gehen, Gott, du Ewiger." In diese Bitte legte er sein ganzes Herz, das Gebet war Ausdruck seines starken Verlangens zu erfahren, was Gott mit ihm vorhatte. Er wußte nicht mehr, was Gott von ihm wollte. Und er fragte sich ängstlich, was er tun müsse, um ihm zu gefallen. Seit seiner Bekehrung hatte er unaufhörlich zu dem hingestrebt, der das Gute ist. Er glaubte, daß er sich von Gott hatte führen lassen. Und sieh da, er war gescheitert. Wenn er alles daran gesetzt hatte, den Weg des armen und demütigen Herrn Jesus Christus zu gehen, hatte er nur den im Sinn gehabt, der der Friede und das Gute ist. Und doch, unter seinen eigenen Füßen hatte das Unkraut gekeimt und zu wuchern begonnen.

Oft dehnte er sein Gebet bis spät in die Nacht aus. Eines Abends, während er so betete, brach ein schweres Gewitter los. Es war schon dunkel. Eine drückende, verhangene Nacht, die sich plötzlich unter langen blendenden Blitzen erhellte. In der Ferne grollte dumpf der Donner. Allmählich kamen die Schläge näher. Und bald entlud sich das Gewitter mit aller Gewalt gerade über der Einsiedelei. Jeder Donnerschlag klang wie ein gewaltiger, gegen das Gebirge geführter Stoß mit dem Rammbock. Zuerst hörte man hoch am Himmel ein sirrendes kurzes Geräusch, wie wenn einer ein Stück Stoff zerreißt. Gleich darauf ein fürchterliches Krachen. Und das Gebirge warf das Dröhnen zurück, so als setze sich das vom Himmel stürzende Getöse unter der Erde dumpf grollend fort und lasse alles erzittern.

Allein in der Nacht zitterte auch Franziskus. Aber nicht aus jener Angst, die die Menschen verspüren, wenn sie ihr Leben bedroht fühlen. Er zitterte, weil er die Pläne, die Gott mit ihm hatte, nicht erkannte. Er fragte sich, was Gott von ihm wollte, und fürchtete, seine Stimme nicht zu verstehen. Heute abend sprach Gottes Stimme im Gewitter. Aber man mußte sie verstehen können. Franziskus lauschte.

Und was sprach diese mächtige Stimme, die, von gewaltigen Feuern zerrissen, durch die Nacht hallte? Sie schrie die Nichtigkeit aller Dinge dieser Welt hinaus. Sie bestätigte mit Macht, daß alles Fleisch wie das Gras auf den Feldern ist, das morgens aufblüht und das ein heißer Wind noch am selben Tage verbrennt. Und in der Ferne, in einem lang hingezogenen, sich hinter den hohen Bergen verlierenden Grollen, nahm die Stimme das Thema wieder auf, nur sprach sie jetzt schwerer und dumpfer. Und was sagte sie sonst noch, diese Stimme? Daß Gott sich mit furchtbarar Herrlichkeit umgibt.

Und daß ihn keiner sehen kann, stürbe er nicht zuvor und ginge durch Wasser und Feuer.

Das Feuer fiel vom Himmel. Und jetzt mischte sich das Wasser hinein. Zuerst einzelne dicke Tropfen, dann ein anschwellender Sturzregen, dann ein Wolkenbruch. Der Regen zerspritzte auf den Felsen und strömte von allen Seiten gurgelnd in die Schlucht. Das stürzte auf den Berg nieder wie eine ungeheure Taufe. Wie eine Aufforderung zu einer gewaltigen Reinigung. Franziskus schaute und horchte. Er hielt sich im Schutz eines Felsens und rührte sich nicht. Nur schauen und horchen. Jetzt galt es nicht mehr, durch die Welt zu ziehen und den Massen das Evangelium zu predigen, noch auch, seine Brüder um sich zu sammeln und zu ermahnen. Es ging nicht mehr darum, überhaupt etwas zu tun. Sondern nur – wie der Berg – dazustehen, ohne mit der Wimper zu zucken, ohne sich zu rühren, in der drückenden, von Blitzen zerhackten Nacht, mit nichts anderem befaßt, als das Wasser und das Feuer vom Himmel entgegenzunehmen und sich von ihnen reinigen zu lassen. Diese Stimme war voller Geheimnisse und schwer zu verstehen.

Der Regen hatte aufgehört. Ein frischer Wind hatte sich aufgemacht und strich über das Gebirge. Am Himmel blinkten fern und bleich ein paar Sterne. Es schien jeden Augenblick, der Wind würde sie auslöschen. Die Nacht blieb dunkel, sehr dunkel. Man unterschied die einzelnen Dinge nicht, diesen Baum oder jenen Felsen, obwohl man sie doch genau kannte. Sie waren nur unförmige, in das Dunkel verschwimmende Klumpen. Der gewohnte Zuschnitt der Dinge war verwischt, der Blick glitt irrend über einen dunklen Raum ohne Tiefe. Es ist hart, dies Erlöschen der Dinge hinzunehmen und das enge Beieinander mit dem anscheinenden Nichts zu ertragen. Es ist hart, inmitten dieser lichtlosen Leere hellwach auszuhalten; nicht nur alle vertrauten Wesen haben darin ihren Glanz, ihre Stimme und selbst ihren Namen verloren, sondern sogar Gottes Gegenwart scheint daraus gewichen zu sein.

Franziskus hatte die Armut begehrt. Er hatte sich mit ihr vermählt, wie er es nannte. Und jetzt, in diesem Augenblick seines Daseins, war er arm, schmerzlich arm, schlimmer, als er je hätte ahnen können.

Als er das letzte Mal auf diesen Berg in die Einsamkeit gekommen war, hatte ihm alles von Gott und seiner Größe gesprochen. Diese ungezähmte Natur ließ ihn die göttliche Majestät zuinnerst spüren, er brauchte sich nur von dieser Woge tragen zu lassen. Jetzt aber, jetzt war Ebbe. Er stand da und rang beklommen nach Luft wie der Fisch auf dem Strand.

3. Der letzte Stern

Einige Zeit danach erschien in der Einsiedelei Bruder Angelo. Sein Besuch kam völlig unerwartet. Der Bruder erklärte, er sei da, um im Auftrag von Schwester Klara zu bitten, Franziskus möge zu ihr kommen. Sie wünsche sehr, ihn zu sehen, ließ sie sagen. Klara hatte es bewußt vermieden, sich genauer zu erklären. In Wirklichkeit wünschte sie, Franziskus gerade jetzt wiederzusehen, weil sie von ihrem Kloster San Damiano aus ersah, was in ihm vorging. Man hatte ihr gesagt, er habe sich in die Berge zurückgezogen, um sich auszuruhen. Sie aber hatte schnell begriffen, daß es sich um etwas ganz anderes handelte. Sie kannte sich in seinen Gefühlen aus und begriff die schweren Sorgen, die ihm eine Gruppe von Brüdern bereitete. Eine innere Stimme hatte ihr gesagt, daß ihr Vater in schwerer Bedrängnis war.

Als Franziskus den Namen „Klara" aussprechen hörte, leuchteten seine Augen plötzlich auf. Aber der Glanz erlosch sofort – wie der Blitz in der Nacht. Der Name „Klara" hatte in diesem Augenblick die schönsten Tage seines Lebens beschworen. Er assoziierte ihn mit jener glücklichen, hellen Zeit, wo noch kein Mißverständnis das strahlende Ideal eines Lebens nach dem Evangelium trübte, das der Herr ihm offenbart hatte. Besser als irgend jemand sonst hatte Klara den verborgenen Glanz eines solchen Lebens erspäht und sich ihm ausgesetzt. Als noch junges Mädchen, Sproß der adeligen Familie Offreduzzi, hatte sie von Franziskus die reine Einfalt des Evangeliums übernommen. Dann hatte er sie dem Herrn geweiht. Und Klara war der heiligen Armut treu geblieben.

„Gepriesen sei der Herr ob unserer Schwester Klara", rief Franziskus, als er Bruder Angelos Nachricht hörte.

Aber er wäre gern fortgefahren: „Verflucht seien, die umstürzen und zertrümmern, was du, Herr, durch die heiligen

Brüder dieses Ordens aufgebaut hast und uns zu erbauen nicht abläßt." Doch er hielt an sich. Die er meinte, waren nicht da, sie hätten ihn nicht gehört. Und außerdem, es tat ihm zu weh, jemanden zu verdammen. Er sagte zu Bruder Angelo nur: „Geh zurück zu unserer Schwester Klara und sag ihr, daß ich mich nicht imstande fühle, zu ihr zu kommen. Sie möge mich entschuldigen. Ich segne sie so sehr und mehr als ich kann."

Aber einige Tage später bedauerte er fast seinen Bescheid. Und um Schwester Klara zu zeigen, daß er sie nicht vergaß und daß er ihre Geste zu schätzen wußte, schickte er Bruder Leo eiligst zu ihr.

Kaum sah Klara Bruder Leo kommen, bestürmte sie ihn schon: „Wie geht es unserem Vater?"

„Unser Vater hat kranke Augen und er leidet unter Magen- und Leberschmerzen. Vor allem aber, seine Seele ist krank."

Er schwieg einen Augenblick. Dann fuhr er fort: „Unser Vater ist ohne Freude, ohne jede Freude. Er gesteht selbst, daß seine Seele voll Bitterkeit ist. Wenn die Verräter seines Ideals nur wüßten, wie weh sie ihm tun. Sie bringen noch sein Leben in Gefahr."

„Ja", sagte Klara, „unser Vater ist in Gefahr. Aber Gott hat seine Hand nicht von ihm genommen. Sie führt ihn immer noch. Ich bin sicher, Gott will ihn läutern wie Gold im Feuer. Er wird uns wiedergegeben, strahlender als die Sonne, da habe ich keine Zweifel. Er wird den Herrn wieder in seiner Seele spüren, so sicher, wie das Morgenrot über die Erde kommt. Wir müssen uns nur um ihn stellen, ihn in dieser furchtbaren Prüfung stützen, damit sich die Bitternis nicht in sein Herz einfrißt. Daß der Same aufgeht und Frucht bringt, das ist nicht alles. Man muß aufpassen, daß die Frucht nicht krank wird. Krankheitskeime lauern allem auf, was reift. Sie verderben die Frucht. Da liegt die Gefahr, Bruder Leo. Wenn unser Vater kommen und hier einige Tage verbringen könnte, ich glaube, es würde ihm sehr helfen. Tu alles, damit er sich entschließt, seine Einsamkeit aufzugeben."

Zurück in der Einsiedelei, ging Leo sofort zu Franziskus. Er fand ihn neben der kleinen Kapelle sitzen und trug ihm inständig Klaras Bitte vor.

„Unsere Schwester Klara betet für mich", antwortete Franziskus freundlich, „und darauf kommt es an. Sie braucht mich jetzt nicht zu sehen. Sie würde doch nur Dunkel und Trauer in meinem Gesicht lesen."

„Gewiß, Vater, aber sie brächte es vielleicht fertig, dein Gesicht ein wenig aufzuhellen."

„Das Gegenteil ist zu befürchten. Ich habe Angst, sie zu verstören, ihre Seele zu verfinstern. Du weißt nicht, Leo, was für Ideen mich umtreiben. In manchen Stunden quält mich der Gedanke, ich hätte besser daran getan, in dem Geschäft meines Vaters zu bleiben, zu heiraten und Kinder zu haben wie alle andern. Und da ist eine Stimme in mir, immer wieder und unablässig, daß es dafür noch gar nicht zu spät ist. Meinst du, daß ich mit solchen Gedanken im Kopf zu unserer Schwester Klara gehen kann?"

„Das sind so Einfälle. Sie gehen dir durch den Kopf, aber sie tun dir nichts. Solche Gedanken werfen dich nicht um, du hängst ihnen nicht nach. So bist du nicht."

„Täusch dich nicht. So bin ich doch. Ich kann sehr wohl noch Söhne und Töchter haben."

„Was sagst du da, Vater?"

„Nur die Wahrheit. Und weshalb wunderst du dich?"

„Weil du für mich ein Heiliger bist."

„Nur Gott ist heilig", versetzte Franziskus lebhaft. „Für mich – ich bin für mich bloß ein häßlicher Sünder. Hörst du, Bruder Leo, ein häßlicher Sünder. Nur eines bleibt mir in meiner Nacht: das unendliche Erbarmen meines Gottes. Nein, an dem unendlichen Erbarmen meines Gottes kann ich nicht zweifeln. Bete nur, Bruder Leo, bete, daß mir in meiner Finsternis dieser letzte Stern nicht untergeht."

Franziskus schwieg. Noch einen Augenblick, dann stand er auf und ging in den Wald, allein. Leo blickte ihm nach. Franziskus kamen die Tränen.

4. Ein Armer in Bedrängnis

Ein paar Tage später – Franziskus kam gerade aus dem Wald, wo er wie gewöhnlich gebetet hatte – traf er in der Einsiedelei einen jungen Bruder, der auf ihn wartete. Ein Laienbruder, der eigens gekommen war, um eine Erlaubnis von ihm zu erbitten. Er machte sich viel aus Büchern und hätte gern das Einverständnis seines Vaters Franziskus erwirkt, ein paar Bücher zur Hand zu haben. Besonders gern hätte er einen Psalter besessen. Es würde seiner Frömmigkeit dienen, erklärte er, wenn er über solche Bücher verfügen könnte. Er hatte schon die Erlaubnis seines Ministers, aber es lag ihm sehr daran, sich das Einverständnis des Franziskus zu sichern.

Franziskus wandte sich dem Bruder aufmerksam zu. Er hörte aus seiner Bitte viel mehr heraus, als sie besagte. Die Worte klangen ihm wie ein Echo in den Ohren. Er vermeinte, die Sprache gewisser Minister seines Ordens zu vernehmen, die sich vom Prestige der Bücher und der Wissenschaft blenden ließen. Hatte ihn nicht einer kürzlich um die Ermächtigung gebeten, eine ganze Kollektion sehr schöner, kostbarer Bücher zum ständigen Gebrauch zu behalten? Unter dem Vorwand der Frömmigkeit war man also dabei, die Brüder von ihrer demütigen, schlichten Berufung abzubringen. Aber damit nicht genug. Die Neuerer wollten, daß er, Franziskus, ja dazu sagte. Die Minister würden offenbar die Ermächtigung, die er dem jungen Bruder vielleicht erteilte, als Vorwand benutzen. Das war denn doch zuviel. Franziskus fühlte heftigen Zorn in sich aufsteigen. Aber er biß auf die Zähne und hielt an sich. Er hätte hundert Meilen von da weg sein mögen, fort aus den Augen des wartenden Bruders, der seine Reaktionen genau beobachtete. Dann kam ihm eine Idee.

„Einen Psalter willst du? Gut, warte, ich hol dir einen."

Er sprang zur Küche der Einsiedelei, trat ein, griff in den

erkalteten Herd, hob eine Handvoll Asche heraus und ging stracks zu dem Bruder zurück.

„Da hast du deinen Psalter!" rief er und rieb ihm die Asche über den Kopf.

Darauf war der Bruder nicht gefaßt. Überrascht und verwirrt, wußte er nicht, was er denken und sagen sollte. Offenbar begriff er nicht. Er stand still da, den Kopf gesenkt. Franziskus geriet, als seine erste Reaktion abgeklungen war, vor dieser Sprachlosigkeit aus dem Konzept. Er hatte hart mit ihm geredet, zu hart vielleicht. Jetzt hätte er ihm gern erklärt, warum er das getan hatte. Hätte ihm gern auseinandergesetzt, daß er ganz gewiß nichts gegen Wissenschaft und Besitz im allgemeinen hatte, daß er aber wußte, er, der Sohn des reichen Tuchhändlers aus Assisi, wie schwer es ist, etwas zu besitzen und doch jedermanns Freund und vor allem Freund Jesu Christi zu bleiben. Daß es aus ist mit einer richtigen Gemeinschaft von Brüdern und Freunden, wenn jeder darauf sinnt, sich Hab und Gut zu beschaffen. Und daß man einen Menschen, der durch einigen Besitz einen Platz an der Sonne ergattert hat, niemals davon abhalten wird, gegenüber den anderen in die Verteidigung zu gehen. Das hatte er früher einmal dem Bischof von Assisi auseinandergesetzt, als dieser sich über die extreme Armut der Brüder verwunderte.

„Herr Bischof, wenn wir etwas besäßen, brauchten wir Waffen, um es zu verteidigen."

Das hatte der Bischof wohl begriffen. Das kannte er aus Erfahrung. Nur zu oft mußten Männer der Kirche den Harnisch anlegen, um ihren Besitz und ihre Rechte zu verteidigen.

Aber was hatte das alles mit einem Psalter in den Händen eines Novizen zu tun? Franziskus erkannte genau, daß all diese gewichtigen Erklärungen für den jungen Bruder in keinem Verhältnis zu dem standen, was er sich erbat. In keinem Verhältnis, und darum verstand er nicht. Noch niemals hatte sich Franziskus so ratlos gefühlt, wie in diesem Augenblick.

„Wenn du deinen Psalter hast", wandte er sich schließlich an jeden von ihnen verantwortlich wie eine Mutter für jedes ihrer Kinder. Und wieviele würde er dann durch sein Schweigen und seinen Rücktritt verstören, fehlleiten und vielleicht für immer um ihre Berufung bringen? Manchmal fühlte er für einen Augenblick heftigen Zorn in sich aufsteigen gegen alle, die ihm seine Söhne entreißen wollten. Dann wieder zweifelte er an sich selbst. Er warf sich seine Fehler, besonders seinen Hochmut vor.

Stunden verrannen, während Franziskus sich so vor Gott in seiner Einsamkeit vergrub. Oft vergaß er darüber die Mahlzeiten. Er kam zu spät zum Stundengebet der kleinen Kommunität. Die Brüder hatten sich angewöhnt, nicht mehr auf ihn zu warten. So war es abgemacht. Das Elend, in das ihr Vater versank, belastete sie alle. Franziskus indes bemühte sich, wenn er unter ihnen war, von den abgründigen Gefühlen, die ihn quälten, nichts merken zu lassen. Er war liebenswürdig, zu jedem einzelnen freundlich und von feinfühliger Herzlichkeit. Er hatte stets ein gutes Wort für den Bruder, der von seiner Betteltour durch die Berghöfe heimkehrte. Aber er konnte seine geröteten, von Tränen entzündeten Augen nicht vor ihnen verbergen. Und auch nicht, daß er völlig abgemagert war. Er verfiel zusehends.

An einem besonders kalten Tag ging Leo hinaus, um ihn im Schnee zu suchen. Er fand ihn unter einem Felsen kniend, mit dem er wie verwachsen schien. Er war wie versteinert. Nahebei reckte eine mächtige von oben bis unten mit Schnee und Eis behangene Pinie ihre ausladenden glitzernden Nadelballen gen Himmel – ein gigantischer Kandelaber aus massivem Silber. Leo half Franziskus auf, nahm ihn stützend beim Arm und begann behutsam, ihn wie ein verirrtes Kind zur Einsiedelei zurückzuführen. Hie und da rutschten Schneepacken von den hohen Ästen der Pinien und zerbarsten in feinen, weißen Staub. Eisige Kälte schnürte alles zusammen. Durch die Stille hörte man die Bäume unter dem beißenden Frost knacken. Eine bleiche Wintersonne streute ihre Strahlen so schräg über den Schnee, daß er blendete. Das reflektierende Licht nahm Franziskus die Sicht. Seine kranken Augen vermochten der Helle nicht standzuhalten. Er war wie ein Nachtvogel, den man in seinem Schlupfwinkel aufgestöbert hat und dem das Tageslicht die Sicht nimmt.

Leo führte Franziskus in die Hütte, wo die Brüder Feuer gemacht hatten. Franziskus setzte sich vor die Feuerstelle. Er schlang die Hände um die Knie, verharrte lange in dieser Haltung und sah in das Feuer. Er sagte nichts. Bisweilen durchfuhr ihn ein Schaudern, es schüttelte seinen ganzen Körper. Wenn die Flamme nicht zu lebhaft loderte, folgte er mit den Augen ihrem schnellen Wechsel. Er beobachtete, wie sie die halbverbrannten Scheite entlang von einem Ende zum anderen lief, sich reckte, tanzte, dann zusammensank, sich rund um einen Ast schmiegte, fast erlosch und unter jähem Prasseln, aus dem ein Funkenregen aufstob, von neuem in die Höhe schoß. Mitunter warf Leo eine Handvoll trockenen Reisigs in das Feuer, damit es nicht ausging. Dann loderte die Flamme hellweiß und klar. Franziskus schloß die Augen, um nicht geblendet zu werden, oder schirmte sein Gesicht mit den Händen ab.

Leo sprach ihm freundlich zu. Ganz einfach und einfältig, wie man mit einem kranken Kinde plaudert. Franziskus hörte zu und lächelte. Er fühlte sich sehr erschöpft, der geringsten Anstrengung unfähig. Er rührte sich nicht, sein Blick verlor sich im Feuer. Die Flamme sank langsam zusammen. Sie teilte sich in viele blaue, grüne, rote und orangene Flämmchen, die um das Scheit zuckten, es umschlangen und mit einem schwachen klagenden Laut rundum beleckten. Draußen keuchte und pfiff ein böiger Wind. Und man hörte den Wald unter seiner Gewalt zittern und stöhnen. Franziskus hockte vor dem armseligen Feuer und dachte nach. Früher hatte er den Brüdern, wenn sie zum Holzfällen in den Wald gingen, sehr ans Herz gelegt, die Stubben zu schonen, damit der Wald hoffen könne, wieder auszuschlagen. Heute fragte er sich ängstlich, ob der Stamm seines Ordens nicht schon zu sehr gelitten habe und ob er eines Tages wieder ausschlagen könne.

5. Die Finsternis wächst

Während des Winters ist das Leben in den Bergeinsiedeleien hart. Die Einsamkeit wird noch drückender, sie macht Angst. Wo jede Spur von Leben erstorben ist, bleibt der Mensch allein. Allein mit seinen Gedanken und Wünschen. Schlimm für den, der in die Einsamkeit gekommen ist, ohne vom Geiste Gottes getrieben zu sein. Ganze düstere, kalte Tage lang muß der Einsiedler in seiner Zelle aushalten. Alle Wege draußen sind verschneit, oder ein Eisregen fällt und hört nicht auf. Der Mensch ist allein mit Gott, es gibt kein Entrinnen. Keine Bücher, die ihn ablenken könnten. Kein Mensch, der ihn freundlich ansähe oder ihm Mut zuspräche. Er ist auf sich selbst verwiesen. Auf seinen Gott oder seine Dämonen. Er betet. Und bisweilen lauscht er auch, was draußen vor sich gehen mag. Er hört keine Vogelstimmen mehr, nur das Pfeifen des Nordwindes, der über die Schneedecke fegt. Der Mann zittert vor Kälte. Vielleicht hat er seit morgens nichts gegessen. Und er fragt sich, ob die Brüder, die betteln gegangen sind, etwas für ihn mitbringen werden.

Wenn der Mensch friert, rollt er sich zusammen wie ein Tier. Und es mag sein, daß er, statt zu meditieren, murrt und schmäht. Der Winter ist bei allen Armen hart. Ihr Dach ist zu dünn oder zu verkommen, als daß es dem kalten Winde wehren könnte. Der beißende Nordost zwängt sich ins Innere, dringt bis ans Herz, und auch das Herz beginnt, bitter zu frieren.

Schön und gut – man hat arm sein wollen und stark und widerstandsfähig wie der Fels. Aber manchmal beißt die Kälte sehr hart zu und bringt sogar den Stein zum Bersten. Dann gibt die Versuchung heimtückisch Laut. Und was sie redet, klingt vernünftig: „Weshalb so leiden? Ist es nicht die reine Torheit, für nichts und wieder nichts hartnäckig Hunger und Kälte hinzunehmen? Ist es wirklich nötig, sich in ein elendes Loch zu verkriechen, um dem Herrn zu dienen?"

Doch für die erwählten Seelen kann die Versuchung anders aussehen, nobler, reiner als die des gesunden Menschenverstandes, sie kann sich als Heiligkeit tarnen.

Von allen Bewohnern der Einsiedelei beobachtete Bruder Rufin Franziskus am genauesten. Er sah seit Monaten, wie er sich dahinschleppte, erbarmungswürdig, nicht ansprechbar, schwunglos, freudlos. Ganz zu Anfang hatte dieser Zustand sein besonderes Mitleid erregt. Schließlich aber war er neugierig und nervös geworden. Dieser lang anhaltende Zustand von Traurigkeit und Niedergeschlagenheit bei Franziskus störte ihn; er erschien ihm unangemessen. Allmählich regte sich ein ganz bestimmter Zweifel in ihm. War Franziskus wirklich der Mann Gottes, für den er ihn hielt? War es nicht ein Irrtum gewesen, sich ihm anzuschließen? Hatte er nicht zu früh geglaubt, Franziskus sei ein Heiliger? Wenn das so war, mußte dann nicht er, Bruder Rufin, die Herausforderung annehmen und allen Leuten klar machen, was ein wirklicher Heiliger vermag?

Da hüllte sich ein Engel Satans in Licht und raunte Rufin ins Ohr: „Bruder Rufin, was hast du mit dem Sohn Pietro Bernadones zu tun? Er ist ein Dummkopf, der den Neuerer spielen will. Dadurch hat er viele verführt und sich selbst getäuscht. Und siehst du, wie weit es mit ihm gekommen ist? Nur noch ein armer Jämmerling, kraftlos, willenlos. Und daß er so dahinsiecht und stöhnt, das kommt nur von seinem verletzten und enttäuschten Stolz. Glaub mir, ich bin der Sohn Gottes. Ich weiß, wen ich erwählt und vorbestimmt habe. Bernadones Sohn ist verdammt, und wer zu ihm hält, ist betrogen. Reiß dich zusammen, solange es noch Zeit ist. Laß diesen Neuerer in sein Verderben rennen. Hör nicht auf ihn! Rede mit ihm nicht einmal von meiner Warnung. Und vor allem, hüte dich, ihn um Rat zu fragen. Er könnte dich verführen. Geh mutig und schlicht deinen Weg. Folg deinem Hang zur Vollkommenheit; diesen Antrieb habe ich in dich gelegt, er sichert dir Unsterblichkeit. Du hast die Beispiele der alten Eremiten vor Augen, sie weisen dir den Weg. Das ist ein wirklich sicherer, ein erprobter, ein gesegneter Weg. Halt dich an die Alten, und halt dich nicht bei denen auf, die das Evangelium nur vorschieben, um mit allem neu anzufangen."

Der Engel Satans ließ sein leuchtendes Gewand vor Rufins Augen Strahlen sprühen. Rufin war wie geblendet, hingerissen. Kein Zweifel, Gott selbst hatte in dieser geheimnisvollen Stimme zu ihm gesprochen.

Von diesem Tage an erschien Rufin nicht mehr in der Kommunität. Wie die alten Eremiten wollte er in völliger Einsamkeit leben und niemanden sehen. Vor allem wollte er Franziskus aus dem Wege gehen. Er hatte alles Vertrauen zu ihm verloren. Und wenn er ihn zufällig von weitem kommen sah, schlug er schnell einen anderen Weg ein. Anfangs fiel Rufins Benehmen weder Franziskus noch den anderen Brüdern auf. Sie alle schätzten ihren Bruder sehr. Sie wußten, daß er in hohem Maße den Geist des Gebetes besaß. Und Franziskus hatte sie gelehrt, die besonderen Absichten, die der Herr mit jedem einzelnen hatte, zu respektieren. Er selbst hätte sich sehr gehütet, in das Wirken Gottes in einem Menschen einzugreifen.

Doch eines Tages stand Franziskus an einer Wegkreuzung im Walde Rufin gegenüber. Der war auf ein solches Zusammentreffen ganz und gar nicht gefaßt. Er machte sofort kehrt, ergriff die Flucht wie ein verängstigtes Tier und verschwand im Walde. Franziskus wunderte sich und rief mehrmals hinter ihm her. Vergebens. Daß Rufin sich ihm entzog, öffnete ihm die Augen. Es konnte, sagte er sich, nicht der Geist des Herrn sein, der Rufin forttrieb, sondern nur der Böse, der den Menschen stets von seinen Brüdern abzusondern sucht, um ihn leichter zu Fall zu bringen.

Deshalb ließ er ein paar Tage später, nachdem er lange gebetet hatte, Rufin durch Bruder Leo holen.

„Was habe ich mit Bruder Franziskus zu tun? Ich werde mich nicht mehr nach ihm richten. Ich habe genug von seinen Phantastereien. Von jetzt an will ich für mich allein leben, dann werde ich sicherer gerettet, als wenn ich mich nach den Albernheiten von Bruder Franziskus richte."

„Was sagst du, Bruder Rufin?" Leo traute seinen Ohren nicht.

„Was ich sage, ist dir ein Ärgernis. Ja, merk dir, Franziskus ist nicht der Mann Gottes, für den du ihn hältst. Für mich ist das jetzt bewiesen, ich bin dessen sicher. Seit Monaten schleppt er sich dahin, erbarmenswert, kraftlos, willenlos, freudlos. Führt sich so ein Heiliger auf? Bestimmt nicht. Er hat sich und uns getäuscht. War er zum Beispiel – du erinnerst dich an den Tag, als er mich unter dem Gehorsam in der Kirche von Assisi predigen ließ, ohne Habit, halbnackt – war er da von Gott erleuchtet, glaubst du? Das war nur ein komischer Einfall von ihm, ein grober Einfall wie tausend andere. Also, diese Zeit ist für mich vorbei. Er wird mich nicht mehr zum Betteln schicken und auch nicht, um die Aussätzigen zu pflegen. Der Herr hat mir meinen Weg gewiesen."

„Aber wer hat dir nur all das Zeug in den Kopf gesetzt?" Leo war erschüttert. „Gäbe Gott dir auch nur für einen Moment zu tragen, was unser Vater an Leib und Seele aushält – auf der Stelle würdest du laut um Verzeihung bitten. Um so grauenhaftes Leid durchzustehen, muß ihm schon Gott selbst beispringen. Es kann nicht anders sein, Gott gibt ihm Kraft. Denk mal darüber nach!"

„Ich habe alles bedacht. Gott selbst hat zu mir gesprochen. Seitdem weiß ich, woran ich mit dem Sohn Pietro Bernadones bin."

„Nein, das ist unmöglich, nein", protestierte Leo ganz verstört. „Du wirst unseren Vater doch wohl nicht im Stich lassen. Du würdest in dein Verderben rennen. Und für ihn – was für ein Schlag, vielleicht der Tod. Ich bitte dich um der Liebe unseres Herrn Jesus Christus willen, Rufin, laß diese Ideen und komm zu uns zurück. Wir alle brauchen dich. Satan weiß das sehr wohl. Deshalb ist er darauf aus, dich zu verführen."

„Geh, Leo", unterbrach ihn Rufin brüsk. „Fall mir nicht noch mehr auf die Nerven. Meinen Weg hat mir der Herr selbst klar gewiesen. Laßt mich in Ruhe! Mehr verlange ich nicht."

Leo kam zu Franziskus zurück und berichtete. Da sah Franziskus, in wie schwerer Gefahr Rufin schwebte, und fragte sich, wie er ihn retten könnte. Er ließ ein paar Tage verstreichen. Dann schickte er Leo noch einmal zu Rufin. Doch Leo fand ihn ebenso widerspenstig und ablehnend. Er kam mit dem gleichen Mißerfolg zurück.

„Ach, es ist meine Schuld. Ich war nicht aufmerksam genug. Ich habe es nicht verstanden, ihn für mich zu gewinnen. Überhaupt, ich habe nicht verstanden, wieviel man leiden muß, um die anderen für sich zu gewinnen. Soviel, wie unser Herr Jesus gelitten hat."

„Auch Jesus ist, als er in den Tod ging und litt, von den Seinen verlassen worden."

„Ja, gewiß." Und nach einem kurzen Schweigen: „Ich werde den Hirten schlagen, steht geschrieben, und die Herde wird auseinandergetrieben. Gott hat das bei seinem Sohn zugelassen. Der Jünger soll nicht mehr sein wollen als der Herr."

Er schwieg wieder. Ein paar Sekunden gab er sich seinen Gedanken hin. Leo sah ihn an. Was sollte er sagen?

„Ach, Bruder Leo, dies ist wirklich die Stunde der Finsternis. Dies ist das Grauen, ich hätte nicht gedacht, daß es so schrecklich ist. Laß mich im Augenblick allein, Leo. Ich muß Gott um Hilfe bitten."

Leo ging.

„Herr, du mein Gott", betete Franziskus, „du hast mein Licht gelöscht. Ich stehe da in tiefster Finsternis und mit mir alle, die du an mich gewiesen hast. Ich jage ihnen Schrecken ein. Sogar die Anhänglichsten fliehen vor mir. Du hast mir meine Freunde, die Gefährten der ersten Stunde, entfremdet. Herr, höre mein Gebet! War die Nacht noch nicht lang genug?

Mach mein Herz wieder hell! Wende mir dein Antlitz zu, und der Glanz deines Morgens komme wieder in mein Angesicht, damit, die mir folgen, nicht im Dunklen gehen. Hab Erbarmen mit mir um ihretwillen."

Nebenan polterte ein Packen Schnee aus der Krone eines Baumes. Man hörte Äste brechen und den dumpfen Aufschlag auf dem Boden. Dann lag über allem wieder die große Stille.

6. Morgendämmerung?

Sobald man im Frühjahr die Wege wieder passieren konnte, machte sich Franziskus auf, um Schwester Klara zu besuchen. Er hatte dem Drängen von Bruder Leo schließlich nachgegeben. Der Winter, den er in der Einsiedelei verbracht hatte, war der sonnenärmste seines ganzen Lebens gewesen. Trotzdem nahm er, als er den kleinen Berg verließ, nicht Abschied für immer. Er versprach sich fest, möglichst bald nach hier zurückzukehren. Er stieg mit Leo, der ihn wie gewöhnlich begleitete, die baumbestandenen Hügel hinab, die sich schon mit jungem Grün überzogen. Und hinter den von Wasser und Sonne hell leuchtenden Hügeln nahm er die Straße, die nach San Damiano führt.

Klara freute sich sehr, als man ihr sagte, Franziskus sei da. Doch als sie sein mageres, bleiches Gesicht sah, auf dem unendliches Leid geschrieben stand, erfaßte sie Mitleid und Trauer.

„Vater", begann sie sanft, „Ihr habt sehr gelitten. Warum habt ihr so lange gezögert, zu uns zu kommen?"

„Die Trauer hat mich überwältigt, sie hat mich gelähmt. Ich habe schrecklich gelitten. Und es ist noch nicht zu Ende."

„Vater, warum nur diese Trauer? Ihr seht doch, daß sie uns schmerzt. Und wir anderen sind so sehr auf Euren Frieden und Eure Freude angewiesen."

„Ich wäre nicht so traurig, wenn mir der Herr nicht diese große Familie anvertraut hätte. Wenn ich mich nicht dafür verantwortlich fühlte, daß meine Brüder ihrer Berufung treu bleiben."

„Ja, ich verstehe." Mehr sagte Klara nicht, weil sie ihm allzu schmerzliche Erörterungen ersparen wollte.

Aber Franziskus wünschte, sich auszusprechen. Ihm war schwer ums Herz. Es war ihm ein Trost, sich mitzuteilen.

„Heute ist unsere Berufung umstritten. Manche Brüder sehen mit Neid, daß andere Orden straffer organisiert sind, mehr Einfluß und sich gesellschaftlich besser etabliert haben. Sie möchten, daß wir diese Formen übernehmen. Dabei treibt sie die Angst, fürchte ich, sie machten vielleicht weniger aus als die anderen. Sie wollen einen Platz an der Sonne. Ich habe nichts gegen die anderen Formen von Ordensleben, wenn die Kirche sie gutheißt. Mich aber, mich hat der Herr nicht berufen, einen mächtigen Orden oder eine Universität zu gründen oder gegen die Häretiker zu rüsten. Ein mächtiger Orden ist für einen ganz bestimmten Zweck da. Er hat etwas zuwege zu bringen oder zu verteidigen und schafft sich die entsprechende Organisation. Wenn er etwas ausrichten will, muß er stark sein."

„Aber der Herr hat von uns, von uns Minderbrüdern, nicht verlangt, in der Kirche irgendetwas zuwege zu bringen, zu reformieren oder zu verteidigen. Er hat mir offenbart, daß wir nach dem Evangelium leben sollten. Leben, ja einfach nur leben. Nur das, aber das ganz und gar, indem wir der Demut und der Armut des höchsten Herrn Jesus Christus nacheifern, keine führende Rolle spielen wollen, uns nicht darum kümmern, ob wir gesellschaftlich etabliert sind und über Prestige verfügen, und indem wir auf jeden eigenen Willen verzichten. Als ich letzten Winter auf dem Berge Exerzitien machte, habe ich oft und lange darüber nachgedacht. Und mir ist über jeden Zweifel klar geworden, daß man die Organisationsprinzipien der anderen Orden nicht auf unsere Lebensordnung nach dem Evangelium übertragen kann, ohne sie zu zerbrechen. Sie läßt sich nicht von außen organisieren und zuschneiden. Wenn dies Leben nach dem Evangelium richtig gelebt werden soll, muß es sich frei entfalten und sein Gesetz in sich selbst finden können. Manche Brüder verlangen von mir eine genauere, eine entschiedenere Regel. Aber ich kann ihnen nichts anderes sagen, als was ich ihnen schon gesagt habe und was der Papst ohne Einschränkung gutgeheißen hat: Die Regel und das Leben der Minderbrüder besteht darin, das Evangelium unseres Herrn Jesus Christus zu beobachten. Auch heute noch habe ich dem nichts hinzuzufügen, noch etwas davon zurückzunehmen."

„Die Brüder sollen demnach so demütig und arm leben wie der Herr, sollen jeder Kreatur das Reich Gottes verkünden wie er, und wenn man sie irgendwo verjagt oder verfolgt, sollen sie anderswohin gehen. Und wo immer man sie aufnimmt, sollen sie von allem essen dürfen, was man ihnen vorsetzt. Wenn die Brüder so leben, werden sie gewiß keinen mächtigen Orden begründen, aber sie werden, wohin sie auch kommen, Gemeinschaften bilden, in denen sie als Freie und Freunde miteinander leben können. Sie werden wahre Söhne des Evangeliums sein. Sie werden freie Menschen sein, weil nichts ihnen den Blick verstellt. Und der Geist des Herrn, der weht, wo er will, wird mit ihnen sein."

Klara hörte ihm bewegt zu. Sie verbarg ihre Bewegung nur mühsam. Was sie da hörte, war ihr aus der Seele gesprochen, und was sie sah, machte sie tief betroffen. Franziskus war in Eifer geraten. Dieser schwache, kränkelnde Mann, diese armselige Erscheinung, strahlte jetzt in überirdischer Schönheit. Was er sagte, hatte Kraft und Größe. Eine gewaltige Leidenschaft durchglühte ihn und hob ihn über sich hinaus. Hier sprach ein Prophet.

Klara hätte es gern mit Bewunderung und Einverständnis genug sein lassen. Doch sie durfte jetzt nicht davon absehen, daß ihr eine wichtige Rolle zukam. Die außerordentliche Kraft des Geistes und Herzens, die da in Franziskus durchbrach, machte nur um so deutlicher, von welcher Bedrängnis er heimgesucht war. Klara ließ ihn weitersprechen, weil sie sah, wie sehr ihn das tröstete. Aber während sie ihm zuhörte, sann sie beständig darauf, wie sie ihn bei der Hand nehmen und auf den Weg des Friedens zurückgeleiten könnte.

Franziskus war noch ganz bei seinem Thema, er spürte seine argen Augen- und Magenschmerzen nicht mehr. Er kam sich vor, als träte er neu ins Leben. Alle Schmerzen vergingen in dieser belebenden Leidenschaft. Er wäre gern durch die ganze Welt gerannt, um zu sehen, wie die Pläne, die Gott mit ihm hatte, Wirklichkeit wurden. Seine geringen physischen Kräfte bedachte er nicht. Sie nährten die Flamme nicht mehr, die ihn verzehrte. Noch während er sprach, spürte er, wie ihn eine Woge von Schwäche überfiel; und mit der Erschöpfung machte sich auch die Niedergeschlagenheit von neuem breit. Die schwarzen Schleier tanzten wieder vor seinen Augen.

„Ach, ich bin wie ein Vater", fuhr er nach einem kurzen Schweigen fort, „den seine eigenen Kinder verstoßen haben. Sie kennen mich nicht mehr. Sie schämen sich meiner. Meine Einfalt ist für sie eine Schande. Der Herr möge sich meiner erbarmen, Schwester Klara."

„Nicht alle Eure Söhne haben Euch verstoßen. Und Gott hat Euch noch immer an der Hand."

„Gott?", klagte Franziskus. „Mich überfällt Angst und Zittern, wenn ich mich ihm in der Einsamkeit stelle. Wenn ich nur wüßte, was ich tun soll."

„Vielleicht gar nichts."

Klara hielt kurz inne, dann fuhr sie fort: „Ihr wißt, der Herr sagt im Evangelium: Mit dem Himmelreich ist es wie mit einem Mann, der guten Samen auf seinen Acker gestreut hatte. Der Weizen ging auf und das Unkraut auch. Die Knechte kamen zu ihrem Herrn und fragten, ob sie nicht etwas gegen das Unkraut unternehmen, ob sie es nicht ausreißen sollten. Tut gar nichts, erhielten sie zur Antwort. Ihr würdet nur beides zusammen ausreißen, das Unkraut und den Weizen. Laßt also bis zur Ernte beides miteinander wachsen."

„Gott hat kein Teil an unserer Angst, noch an unserem Stolz oder an unserer Ungeduld. Er versteht zu warten, wie nur Gott zu warten weiß, wie nur ein unendlich guter Vater warten kann. Er ist langmütig, er ist barmherzig. Er hofft immerzu. Bis ans Ende. Es macht ihm nichts aus, daß sich auf seinem Acker ganze Haufen von Abfall stapeln und daß das nicht gut aussieht. Wenn er nur am Ende mehr Weizen als Unkraut zusammenbekommt. Wir können uns, wie wir nun einmal sind, natürlich kaum vorstellen, daß das Unkraut sich sogar eines Tages in Weizen verwandeln und rotgoldene, schöne Körner tragen könnte. Die Bauern werden uns sagen, sie hätten auf ihren Feldern noch niemals eine solche Verwandlung erlebt. Gott aber gibt nichts auf den Schein, er weiß, daß er in seiner barmherzigen Zeit die Herzen der Menschen wandeln kann."

„Alle Dinge haben ihre Zeit, aber alle haben nicht dieselbe Zeit. Die der leblosen Dinge ist nicht die der Tiere, und die der Tiere nicht die der Menschen. Und über allem und verschieden von allem gibt es Gottes Zeit, die alle anderen Zeiten umfaßt und überholt. Gottes Herz schlägt nicht im gleichen Rhythmus wie das unsere. Es schlägt auf seine Weise, im Rhythmus seiner ewigen Barmherzigkeit, die von Generation zu Generation dieselbe bleibt und niemals altert. In diese göttliche Zeit können wir uns sehr schwer versetzen. Und doch, nur dort können wir Frieden finden."

„Ihr habt recht, Schwester Klara. Verwirrt und ungeduldig, wie ich bin, denke ich zu menschlich. Das sehe ich ein. Aber ich habe Gott noch nicht gefunden. Ich lebe noch nicht in Gottes Zeit."

„Wer hätte den Mut zu sagen, er lebe in Gottes Zeit? Dafür müßte man Gottes Herz haben."

„In Gottes Zeit zu leben, das müßte man lernen, das ist wohl das Geheimnis der Weisheit."

„Und die Quelle tiefen Friedens."

Wieder eine kurze Stille. Dann nahm Klara den Faden wieder auf. „Angenommen, eine Schwester dieser Kommunität käme und klagte sich an, sie habe ungeschickt oder unaufmerksam irgendein Stück zerbrochen. Ich würde ihr gewiß, wie üblich, einen Verweis erteilen und eine Buße aufgeben. Würde sie aber sagen, sie habe Feuer an das Kloster gelegt und alles oder fast alles sei verbrannt, ich glaube, dann wüßte ich ihr nichts zu sagen. Ein solches Unglück würde ich nicht fassen. Der Untergang des Klosters – das wäre wirklich zuviel, als daß es mich umwerfen würde. Nicht einmal, was Gott gebaut hat, kann dem Willen oder dem dummen Einfall einer Kreatur standhalten. Das ist auf ganz andere Weise solide."

„Wäre mein Glaube doch nur wie eine Senfkorn groß!"

„Dann würdet Ihr zu dem Berg dahinten sagen: Heb dich weg, und der Berg wäre weg."

„Ja, das ist es. Aber zur Zeit bin ich wie blind. Jemand muß mich bei der Hand nehmen und führen."

„Man ist nicht blind, wenn man Gott sieht."

„Eben, leider", sagte Franziskus. „Ich taste in meiner Nacht umher und sehe nichts."

„Aber Gott führt Euch – trotz allem," versicherte Klara.

„Ich glaube es – trotz allem."

Aus dem Garten vernahm man Vogelstimmen, weit weg in der Ebene schrie ein Esel, und man hörte deutlich die einzelnen Schläge einer Glocke.

„Die Zukunft der großen Ordensfamilie, die der Herr mir anvertraut hat", begann Franziskus von neuem, „ist ganz sicher etwas zu Gewaltiges, als daß sie von mir allein abhinge und ich mich von ihr verstören lassen dürfte. Sie ist auch und vor allem Gottes Sache. Das habt Ihr gut gesagt, Klara. Doch betet, damit Euer Wort in mir aufgeht und zur Saat des Friedens wird."

Franziskus blieb ein paar Tage in San Damiano. Dank Klaras Fürsorge kam er ein wenig zu Kräften. Im Frieden dieses Klosters und unter dem sanften Licht des umbrischen Frühlings schien er seine Sorgen und seine Unruhe verscheucht zu haben. Er lauschte erleichtert dem Lied der Lerchen. Er suchte sie im hohen, unendlichen Blau auszumachen, wo sie sich verloren. Wenn er nachts in seiner Hütte am Ende des Gartens schlaflos dalag, schaute er durch das kleine Fenster zum sternübersäten Firmament hinauf. Noch nie waren ihm die Sterne so schön vorgekommen, er vermeinte, sie zum erstenmal zu sehen. Klar und kostbar strahlten sie in die große nächtliche

Stille. Sie ließen sich durch nichts stören. Gewiß hatten sie teil an Gottes Zeit. Sie hatten keinen eigenen Willen und bewegten sich nicht aus sich selbst. Sie gehorchten einfach dem von Gott gesetzten Rhythmus. Darum konnte nichts sie behelligen. Sie waren in Gottes Frieden.

Indes, Franziskus überlegte seine Rückkehr in die Einsiedelei. Er dachte an seine dort oben verbliebenen Brüder, besonders an Bruder Rufin, er wußte ihn in schwerer Gefahr. Es war nicht mehr lange bis Ostern. Es eilte ihm mit der Heimkehr, um wieder bei seinen Brüdern zu sein und den auferstandenen Christus mit ihnen zu feiern.

Beim Abschied sagte Klara: „Würdet Ihr so gütig sein, uns eine Freude zu machen? Es ist nur eine Kleinigkeit. Die Schwestern haben letzten Herbst Blumensamen gesammelt. Es sind sehr schöne Blumen, und man braucht sie nicht groß zu pflegen. Hier ein Säckchen mit dem Samen. Nehmt ihn mit und sät ihn auf dem Berge aus."

Franziskus liebte Blumen, Klara wußte das. Es würde ihm helfen, dachte sie, die Bitterkräuter in seinem Herzen auszureißen.

„Ich danke Euch". Franziskus nahm das Säckchen mit dem Samen in Empfang. „Ihr macht mir eine Freude damit. Ja, ich werde ihn aussäen." Dann verabschiedeten er und Leo sich von Klara und ihren Schwestern.

Der Heimweg erschien Franziskus weniger lang. Er schritt leicht dahin. Fast unmerklich war etwas in seinem Wesen in Bewegung gekommen. Gewiß, er litt noch, aber irgendwie anders. Sein Leid war nicht mehr so bitter. Unterwegs kam ihm oft Klaras Wort in den Sinn: „Der Untergang des Klosters – das wäre wirklich zuviel, als daß es mich umwerfen würde." Er spürte einen Anflug von heiterer Gelassenheit.

Nach einem langen Marsch verließen Franziskus und Leo die Straße und schlugen wieder den Pfad ein, der unter Buchen und Eichen bergauf zur Einsiedelei führte. Überall hatte der Frühling Einzug gehalten. Die mächtigen Bäume entfalteten ihr neues, frisches Laub. Auf dem zarten, goldig schimmernden Grün der Blätter spielten die Sonnenstrahlen. Die Vögel sangen. Aus der feuchten, warmen Erde des Unterholzes stieg der gute Geruch von Moos, von vergehenden Blättern und blühenden Veilchen. Überall drängten Büschel von kleinen roten Alpenveilchen heiter ans Licht. Auch dies alles lebte und ruhte gewiß in Gottes Zeit, in der Zeit des Anfangs. Die Erde und ihr verstecktes Leben waren aus dieser Zeit nicht ausgeklammert, so wenig wie die Sterne am Himmel. Die mächtigen Bäume im Walde entfalteten ihr Laub unter dem Atem Gottes, ganz wie in den ersten Tagen der Schöpfung. Und mit dem gleichen leichten Erschauern. Nur der Mensch war aus dieser Zeit des Anfangs herausgetreten. Er hatte seinen Weg selbst abstecken und in seiner eigenen Zeit leben wollen. Und seitdem kannte der Mensch keine Ruhe mehr, sondern nur den Überdruß, die Verstörung und den eiligen Schritt dem Tod entgegen.

An einer Stelle kreuzte der Pfad, dem Franziskus und Leo folgten, einen Weg, den die auf dem Berg und in den umliegenden Dörfchen wohnenden Bauern nahmen, wenn sie mit ihren Karren bergab oder bergauf mußten. Gerade kam einer bergab. Er ging neben zwei kräftigen weißen Ochsen, die den Wagen zogen. Es war Paolo: klein, stämmig, rotes Gesicht, Kinderaugen. Er wohnte in einem Dörfchen, in das die Brüder der Einsiedelei auf ihrem Bettelgang recht häufig kamen. Ein guter Kerl, den Brüdern wohlgesonnen. Aber er trank schon mal ein wenig über den Durst. Zu Hause paßte seine Frau auf, sie hatte wache Augen. Mußte er gelegentlich ins Dorf hinunter, war er deshalb gut gelaunt, fast als ginge es auf ein Fest.

„Guten Tag!" rief er, als er die beiden bemerkte.

„Ja, guten Tag, Paolo!", antwortete Leo, der ihn sofort erkannte.

„Es ist mir jedesmal ein Vergnügen, die 'Frati' zu treffen." Er hielt seine Ochsen an.

„Du gehst ins Dorf hinunter, Paolo?", fragte Leo.

„Ja, ich muß unbedingt", erwiderte der Bauer und zuckte mit den Schultern. „Meine Ochsen müssen beschlagen, mein Wagen muß repariert werden und ich", fügte er munter und mit Kennermiene hinzu, „ich brauche einen kleinen Schluck ordentlichen Wein."

Diese höchst einfache Auskunft und das biedere Gehabe des Mannes machten Franziskus Spaß. Er mußte lachen.

„Gut, Paolo. In Ordnung. Du bist wenigstens ehrlich. Ein kleiner Schluck ordentlicher Wein, das kann dir nicht schaden. Aber bleib brav, paß auf, daß es nicht zuviele werden."

Der Bauer lachte vergnügt. Plötzlich schaute er Franziskus genauer an und wurde ernst.

„Aber bist du nicht Bruder Franziskus? Die Brüder der Einsiedelei, die zu uns betteln kommen, haben gesagt, Bruder Franziskus sei zur Zeit bei ihnen auf dem Berg."

„Ich bin's."

„Dann gib dir Mühe, so gut zu sein, wie man von dir sagt", meinte der Bauer fast vertraulich und schlug ihm freundschaftlich auf die Schulter. „ Viele Leute vertrauen auf dich, du darfst sie nicht enttäuschen."

„Gott allein ist gut, Paolo. In meinen Augen bin ich nur ein Sünder. Merk dir gut, mein Freund, wenn der übelste Taugenichts soviele Gnaden erhalten hätte wie ich, er würde mich mit seiner Heiligkeit um hundert Ellen überragen."

„Und ich", meinte der Bauer lachend, „kann ich ein Heiliger werden?"

„Aber sicher, Paolo. Auch dich liebt Gott, genau wie mich. Du brauchst an diese Liebe nur zu glauben, und dein Herz wandelt sich, du wirst sehen."

„Ach, wir andern sind weit weg von all diesen Dingen. Du mußt uns besuchen. Wir haben's nötig. Auf denn, bis bald, hoffe ich."

Mit einer Hand schlug er seine Ochsen auf die Kruppe, um sie anzutreiben, mit der anderen winkte er den Brüdern Adieu.

Franziskus und Leo erreichten schnell die Höhe des ersten

Hügels, vor ihren Augen erhob sich ihr kleiner Berg. Auch er war jetzt wieder grün. Er ragte in ein sehr reines Licht unter einem intensiv blauen Himmel. Die kleinen, mit Ölbäumen bestandenen Täler der Umgebung glichen begrünten Wegen, die eng zwischen den trockenen Hängen verliefen. Hie und da blitzten, wie goldene Flecken, Beete mit gelben Narzissen in der Sonne auf. Im Hintergrund beschnitt die Bergkette, die ihre trockenen, stumpfen, sonnenüberfluteten Massive in den Azur schnitt, die Sicht.

„Das ist schön", rief Franziskus plötzlich. „Und in einigen Tagen wird über all dem die Herrlichkeit des auferstandenen Herrn leuchten. Bruder Leo, hörst du nicht das erdenweite Gemurmel der gesamten Schöpfung, die in ihren Tiefen das Oster-Alleluja übt?"

7. Ein Lerchenlied über den Äckern

Die Karwoche hatte begonnen. Die gesamte Christenheit schickte sich an, das Geheimnis des Todes und der Auferstehung des Herrn feierlich zu begehen. Die Arbeit ruhte. Der Streit verstummte, und das Volk nahm befreiten Herzens an den liturgischen Feiern teil. Das gehörte zum Leben wie die Arbeit und der Streit, aber es gehörte noch inniger dazu. Die Menschen verlangte es, sich im Blute Christi zu waschen. Es war ein fast physisches Verlangen nach Erneuerung, Verjüngung und Auferstehung. Bis in die entlegensten Dörfer, überall, wo es einen Priester gab, trank die christliche Erde begierig das Blut des Erlösers und ließ sich durchdringen von neuer Reinheit und neuer Kraft. Die Christenheit blühte auf, sie erlebte einen neuen Frühling.

Auch in der Einsiedelei bereitete man sich auf die Feier des Osterfestes vor. Auch hier empfanden die Menschen das Bedürfnis nach Erneuerung. Am Gründonnerstag lud Franziskus seine Brüder ein, zusammen das Abendmahl des Herrn zu feiern; alle sollten beim gleichen Meßopfer die Kommunion empfangen und nachher an einem brüderlichen Mahl teilnehmen.

Bei dieser Einladung dachte Franziskus besonders an Bruder Rufin. Die ganze Fastenzeit hindurch hatte dieser sich von der Kommunität ferngehalten. Bruder Leo suchte ihn auf, um ihm die Einladung des Franziskus auszurichten.

„Sag Bruder Franziskus, daß ich nicht komme. Übrigens gehöre ich nicht mehr zu seinen Gefährten. Ich will als Einsiedler hierbleiben. So werde ich mein Heil eher finden, als wenn ich die Sonderlichkeiten von Bruder Franziskus mitmache. Der Herr selbst hat mich dessen versichert."

Als Franziskus das erfuhr, wurde er sehr traurig. Sofort schickte er Bruder Silvester zu Rufin, um ihn zu bewegen, doch zu kommen. Aber er lehnte noch hartnäckiger ab.

Sie mußten also die Feier der Messe ohne ihn beginnen, aber sein Fernbleiben quälte Franziskus. Vor der Wandlung schickte er eiligst einen dritten Bruder zu Rufin.

„Sag ihm, er soll wenigstens den Leib des Herrn anschauen."

Aber Rufin ließ sich nicht bewegen, so wenig wie der Felsen, in den er sich verkrochen hatte.

Nach der Kommunion konnte Franziskus vor Betrübnis nicht mehr an sich halten und zog sich zurück. Er weinte.

„Wie lange, Herr", stöhnte er, „läßt du mein einfältiges Schäflein irregehen?"

Dann stand er plötzlich auf und suchte persönlich Rufin in seiner Höhle auf. Als dieser Franziskus bemerkte, schrak er zusammen, aber er rührte sich nicht.

„Warum, Bruder Rufin, quälst du mich so? Dreimal habe ich dich rufen lassen, und jedesmal hast du abgelehnt. Und das an einem solchen Tage. Warum, sag doch, warum?"

Es war keine Spur von Vorwurf in seinen Worten. Aus ihm sprach die Angst einer Mutter. Für ihn gab es jetzt nur noch diesen Bruder Rufin. Er hielt den Atem an, er achtete ängstlich auf die geringste Regung im Gesicht seines Bruders. Was hätte er nicht alles getan, um zu helfen, daß dieser sich ihm eröffne!

„Ich habe dich wissen lassen, warum", antwortete Rufin halb mürrisch, halb verlegen. „Es erscheint mir sicherer, den Weg der alten Eremiten zu gehen als mich nach deinen Phantastereien zu richten. Würde ich auf dich hören, müßte ich mein Gebetsleben ständig unterbrechen. Das habe ich doch erlebt, wenn du mich hierhin und dorthin zum Predigen oder zur Pflege der Aussätzigen schicktest. Nein, das will der Herr nicht von mir. Meine besondere Gnade ist das Gebet in der Einsamkeit. Weit weg von den Menschen, weit weg von allem."

„Aber am heutigen Tag hat es den Herrn verlangt, das Pascha mit seinen Brüdern zu essen. Heute immerhin kannst du uns nicht abschlagen, mit uns zu Tisch zu gehen. Wir freuen uns darauf."

„Ich sehe nicht, wozu das gut sein sollte, glaub mir. Ich möchte lieber allein sein, wie der Herr es mich gelehrt hat."

„Der Herr ist da, wo deine Brüder sind", entgegnete Franziskus sanft. „Komm, Bruder Rufin! Um der Liebe willen, die Gott selbst ist, bitte ich dich darum. Mach mir die Freude. Alle Brüder warten auf dich. Sie können nicht anfangen ohne dich."

„Gut, sei's drum." Rufin erhob sich brüsk. „Ich komme mit, weil du so großen Wert darauf legst." Und mürrisch: „Aber ich gebe meinen Plan nicht auf, so schnell wie möglich kehre ich hierher zurück."

Während des Essens wirkte Franziskus sehr entspannt. Er hatte Rufin den Platz an seiner Seite gegeben und unterhielt sich so freundschaftlich mit ihm, als sei nie etwas gewesen, als sei Rufin wirklich anwesend, nicht nur leiblich, nein, auch mit dem Herzen. Franziskus dachte keinen Augenblick daran, ihm Vorhaltungen zu machen, wie er es nie fertiggebracht hatte, jemandem, wer er auch sei, die Meinung zu sagen. Er war sich des eigenen Elends zu sehr bewußt. Und vor allem – es paßte nicht zu ihm, dafür war er zu unkompliziert. Was er sagte und wie er sich gab, das richtete sich nicht nach den Umständen. Er lebte aus der Tiefe und Fülle seines Wesens. Und diese Fülle von Leben und Herzlichkeit brach kraft ihrer selbst und ohne Vorbedacht nach außen durch.

Rufin war von diesem freundlichen Empfang sehr angetan, viel mehr, als er es merken ließ. Aber er hatte nun einmal seine eigene Idee. Er wollte sie nicht aufgeben. Und kam sie überdies nicht von Gott? Er mußte an ihr festhalten, was auch daraus würde. Er verabschiedete sich von den Brüdern recht brüsk, mit finsterer, verschlossener Miene. Franziskus sah ihn weggehen und sagte nichts. Seine Augen ließen Rufin nicht los, er hoffte bis zuletzt, er würde sich noch einmal umsehen. Hätte Rufin sich jetzt umgewandt, er hätte gesehen, wie sich zwei Arme nach ihm ausstreckten, zwei weitgespannte Arme, die ihn nicht loslassen konnten, die sich um ihn schlangen und ihn gerade in seiner Verirrung stützen wollten. Aber Rufin verschwand. Franziskus starrte noch einen langen Augenblick vor sich hin. Dann ließ er die trauerschweren Arme sinken. Er hatte sich einen Moment lang gefreut, daß er Rufin hatte zu seinen Brüdern zurückholen können. Jetzt ermaß er, wie brüchig sein Erfolg war. Sein Sohn kehrte ihm den Rücken. Er entglitt ihm. Für wie lange noch?

Franziskus ging hinaus und nahm unter einem Felsen Platz. Im Walde rief der Kuckuck. Die Luft war mild und golden. Aber Franziskus sah die Sonne nicht. Er hörte den Kuckuck nicht. Er fror. Er dachte an Bruder Rufin und die anderen, an alle anderen. Wenn einer der ersten Gefährten wie Rufin sich so leicht von einem abwenden konnte, wieviel Treue sollte man dann von der großen Schar jener Brüder erwarten, die einen kaum kannte? Die Wunde, die sich unter Klaras Händen geschlossen hatte, war plötzlich wieder aufgebrochen. Sie blutete. Fünfzehn Jahre lang hatte er sich geplagt, hatte gewacht, hatte ermahnt, und das war das Ergebnis. Er hatte umsonst gearbeitet. Er war gescheitert, elend gescheitert. Er sah darin nicht eine Einbuße an persönlicher Ehre, sondern eine Beleidigung Gottes, eine Verletzung der göttlichen Ehre.

Den nächsten Tag, den Karfreitag, wollte Franziskus allein verbringen und sich in das Leiden Christi versenken. Er hatte dafür eine abgelegene, wildverwachsene Stelle ausgesucht; die Atmosphäre von Ernst und Kargheit entsprach dem großen Gegenstand seiner Betrachtung, von dem sein Herz voll war. Es verlangte ihn, sich in die Gefühle des Herrn zu versetzen, deshalb begann er, langsam den Psalm zu sprechen, den Jesus am Kreuz gebetet hatte. Er hielt bei jedem Vers inne, so lange, bis das Wort Gottes ganz in ihn gedrungen war. Wie immer, ergab er sich ihm, er ließ es über sich kommen und mit seiner ganzen Schwere auf sich lasten. Doch am Ende hatte es ihn noch jedesmal aufgerichtet und getragen.

Heute aber ergriff ihn bei den Worten: „Mein Gott, mein Gott, warum hast du dich von mir gewandt?" das Gefühl der

Verlassenheit, dem der Herr hier Ausdruck gibt, ganz anders als je zuvor. Er fühlte sich plötzlich eins mit Christus, schmerzhaft eins. Noch niemals hatte er diese Worte so begriffen, wie diesmal. Jetzt waren sie ihm nicht mehr fremd. Seit Monaten suchte er das Antlitz Gottes. Seit Monaten lebte er unter dem Eindruck, Gott habe sich von ihm und seinem Orden zurückgezogen. Die Todesangst des Gottessohnes – jetzt verstand er ein wenig, was das war: daß der Vater sich entzogen hatte, daß der Mensch sich scheitern und dem fatalen, absurden Ablauf der Ereignisse ausgeliefert fühlte, die ihn samt seinem guten Willen in einem Spiel unerbittlicher Kräfte wegfegten und zermalmten. Die Psalmworte senkten sich langsam in Franziskus ein. Sie warfen ihn nicht auf sich selbst zurück. Sie sperrten ihn nicht in seine Not. Sie schlossen sein Allerinnerstes für das Leiden Christi auf. Deshalb schien ihm, daß er Christi Leiden bisher nur von außen gesehen hatte. Jetzt sah er es von innen. Er nahm daran teil, er spürte es wie eine persönliche Erfahrung. Bis zum Übelwerden. Mindestens diesmal war er Christus ganz ähnlich. Seit langem wünschte er zwar, Christus in allem nachzuahmen. Seit seiner Bekehrung hatte er sich unablässig darum bemüht. Aber trotz aller Anstrengung, das sah er jetzt deutlich, wußte er noch nicht, was das eigentlich heißt, dem Herrn ähnlich geworden zu sein, und er hatte auch nicht begriffen, wie weit das gehen konnte. Wie auch hätte er es wissen sollen? Der Mensch weiß ernstlich nur, was er erfährt. Hinter Christus hergehen, mit nackten Füßen, mit einem einzigen Habit bekleidet, ohne Stock und Geld, ohne Proviant für unterwegs – das war schon nicht wenig, aber es war doch nur ein Anfang, der erste Schritt auf dem Wege. Man mußte Christus bis ans Ende folgen, sich, wie er jetzt, von Gott durch einen Abgrund der Verlassenheit führen lassen und mußte in furchtbarer Einsamkeit vom bitteren Tod des Menschensohnes kosten.

Dieser Karfreitag hatte Franziskus erschöpft, er spürte, es war ein sehr langer Tag gewesen. Aber der Abend kam mit seinem

Frieden. Jenem tiefen Frieden ähnlich, der sich langsam auf die Äcker senkt, wenn die harte Arbeit getan ist. Die Erde ist gepflügt, ist aufgebrochen. Sie wehrt sich nicht mehr. Sie liegt offen und willig da, und schon dringt die Frische des Abends in sie ein und tränkt sie. Während Franziskus nach der Einsiedelei zurückging, fühlte er allmählich, wie dieser Friede ihn einhüllte und durchdrang. Alles war vollbracht. Christus war tot. Er hatte sich seinem Vater in radikalem Verzicht anheimgegeben. Er hatte sein Scheitern akzeptiert. Sein menschliches Leben, seine menschliche Ehre, sogar seine menschliche Not – alles war für ihn ausgelöscht, zählte nicht mehr. Es blieb nichts außer dieser unausmeßbaren Wirklichkeit: Gott existiert. Das allein war wichtig. Gott ist Gott. Das allein genügte. Christi ganzes Wesen hatte sich dieser einzigen Wirklichkeit gebeugt, er hatte diesem Einzigen Anbetung gezollt. In dieser vorbehaltlosen Unterwerfung, in dieser äußersten Entsagung, in dieser tiefsten Ergebung war Christus gestorben und war in die Herrlichkeit Gottes eingegangen.

Hinter den fernen Bergen sank die Sonne langsam dem Horizont entgegen. Ihre Strahlen erreichten noch den Wald, durch den Franziskus dahinging. Sie schoß breite, blendende Streifen zwischen die Stämme. Die Bäume waren in lichten Dunst getaucht. Tiefe Stille. Kein Hauch. Eine Stunde von majestätischer Klarheit.

„Gott existiert, das genügt", sprach Franziskus vor sich hin.

Auf einer Lichtung sah er zum wolkenlosen Himmel auf. Ein roter Milan zog seine Bahnen. Sein ruhiges, einsames Dahingleiten schien der Erde bedeuten zu wollen: „Gott allein ist allmächtig. Er ist von Ewigkeit zu Ewigkeit. Gott ist Gott, das genügt." Franziskus fühlte sein Herz leichter werden. Stark und leicht. Wie eine Schwinge.

„Gott existiert, das genügt."

Die schlichten Worte erfüllten ihn mit einer merkwürdigen Klarheit. Ihm schien, sie hallten aus der Unendlichkeit zurück.

Franziskus lauschte, eine Stimme rief ihn. Es war keine menschliche Stimme. Sie klang barmherzig. Sie ging ihm ans Herz.

„Armer, kleiner Mensch, begreif doch, daß ich Gott bin, und mach ein für allemal ein Ende deiner Unruhe. Darfst du, weil ich dich zum Hirten meiner Herde gemacht habe, vergessen, daß ich der Oberhirte bin? Ich habe gerade dich einfältigen Mann gewählt, damit alle begreifen: Was ich in dir wirke, hängt nicht an deinem Geschick, sondern an meiner Gnade. Ich habe dich berufen. Ich beschütze die Herde und weide sie. Ich bin der Herr und der Hirte. Ich kümmere mich schon. Beunruhige dich also nicht."

„Gott!", sprach Franziskus ruhig. „Gott, du bist Schutz, Obhut und Wehr. Großer, wunderbarer Herr. Du bist genug. Amen. Alleluja."

Überbordender Friede und Jubel. Franziskus schritt glücklich und fast tanzend dahin.

Er kam an einen Platz, von wo der Blick weit über das Land schweifen konnte. Man sah auf die umliegenden Hügel und dahinter auf die am Horizont verschwimmende Ebene. Franziskus blieb einen Augenblick stehen und betrachtete das Bild. Über einen Hügel zog eine Herde Kühe nach Hause. Alles erschien sehr klein, die Tiere und der Mann hinter ihnen. Hunde umkreisten vermutlich die Herde, aber man konnte sie nicht klar ausmachen. Als sich eines der Tiere zu weit von der Herde entfernt hatte, lief es wie von einer unsichtbaren Hand gescheucht schnell zurück. Der Mann hatte gewiß gerufen und der Hund hatte das Tier angebellt. Auf diese Entfernung und aus dieser Höhe hörte man beides nicht. Eine stumme Szene. Sie schien zu verfließen und mit dem lautlosen Leben der Natur zu verschmelzen. Was der Mann tat, paßte ins Bild. Es war nichts Auffälliges daran, es war fast belanglos.

„Du allein bist groß."

Er setzte seinen Weg fort. Der Tag ging zur Neige. Der Nebel deckte die Schluchten zu, die Sterne zogen auf. So spielte sich das immer ab, seit Anbeginn, dachte Franziskus, seit es einen Abend gab. Ein Bild der Beständigkeit Gottes.

Er näherte sich der Einsiedelei. Leo kam ihm entgegen. „Du bist fröhlich heute abend."

„Heute abend ist in mir ein hoher, klarer Himmel, und eine unsichtbare Lerche an diesem Himmel besingt wie trunken den Sieg des Herrn."

Eine Stunde später kniete Franziskus in der kleinen Kapelle der Einsiedelei. Er spürte, daß jemand ihm am Ärmel zupfte. Er sah auf. Rufin beugte sich über ihn.

„Du bist es, Bruder Rufin!"

„Einen guten Abend, Vater", sagte Rufin mit einem breiten Lächeln. „Ich möchte mit dir reden. Aber nicht sofort. In einigen Tagen, wenn du magst."

„Wann du willst. Du weißt, ich bin immer für dich da. Nur, Bruder Rufin, du siehst aus, als wärest du wieder froh."

„Ja, Vater, das eben wollte ich dir schon heute abend sagen. Damit möchte ich nicht warten. Das übrige erzähle ich dir später."

„Gott sei gelobt!" Franziskus sprang auf und umarmte ihn.

8. Anbetung

Ostern wurde in der Einsiedelei freudig begangen. Bruder Rufin hatte auf den Weg der Kommunität zurückgefunden und war so fröhlich wie nie zuvor. Er suchte jede Gelegenheit, den anderen zu dienen. Morgens war er jetzt der erste, der zur Quelle hinunterstieg, um den Wasservorrat für den Tag zu schöpfen. Er half in der Küche und bei manchen anderen Arbeiten. Er schlug sogar vor, betteln zu gehen – für ihn wahrlich etwas Außergewöhnliches. Er erschien wie verwandelt. Die Atmosphäre in der kleinen Kommunität wirkte entspannt, man war sehr glücklich.

Am Ostermittwoch nahm Bruder Rufin Franziskus beiseite und begann, ihm sein Herz auszuschütten.

„Da bin ich, Vater. Ich hatte es dir schon angekündigt. Ich habe eine sehr böse Zeit hinter mir, aber es geht schon viel besser. Beinahe hätte ich den Sinn meiner Berufung ganz aus den Augen verloren, das sehe ich jetzt deutlich."

„Erzähl also. Was ist eigentlich passiert?"

Rufin schwieg einen Augenblick. Er holte tief Luft wie jemand, der allzuviel auf dem Herzen hat und nicht weiß, wo er anfangen soll. Die beiden Brüder ergingen sich gemächlich unter den Pinien nahe der Einsiedelei. Sie schritten lautlos über den dicken Teppich von trockenen Piniennadeln. Es war mild. Die Luft roch nach Harz. „Wir wollen uns setzen", sagte Franziskus," es spricht sich leichter."

Sie setzten sich auf die Erde. Dann begann Rufin zu erzählen.

„Als ich dich bat, mich zum Orden deiner Brüder zuzulassen – es ist nun schon etwa zwölf Jahre her – , trieb mich der Wunsch, nach dem Evangelium zu leben, wie ich es bei dir sah. Ich war durchaus aufrichtig. Ich wollte wirklich dem Evangelium Folge leisten. Meine ersten Jahre in der Bruderschaft vergingen ohne allzuviele Schwierigkeiten. Ich bemühte mich eifrig, alles zu tun, was das neue Leben von mir zu fordern schien."

„Aber ganz zuinnerst ließ ich mich, ohne es zu merken, von einer Mentalität leiten, die keineswegs dem Evangelium entsprach. Du weißt, in welchem Milieu ich groß geworden bin, ich entstamme einer adeligen Familie. Wie ich empfand, wie ich erzogen war, hing ich mit allen Fasern meines Wesens an diesem adeligen Milieu. Mein Fühlen und Denken entsprach ihm, entsprach den Werten, die dort gelten und hochgehalten werden. Als ich zu dir kam und dein äußerst bescheidenes, armes Leben auf mich nahm, dachte ich, diesen Werten ernsthaft entsagt, ich glaubte tatsächlich, mich für den Herrn aufgegeben zu haben."

„Das stimmte auch, aber nur oberflächlich. Ich hatte zwar mein Leben und Tun geändert, und es war für mich eine einschneidende Änderung. Aber zuinnerst behielt ich, ohne daß es mir bewußt wurde, einen großen und zwar den wichtigsten Teil meiner Gesinnung bei: Ich bewahrte meine alte Mentalität, die meines Milieus. Ich beurteilte Menschen und Dinge weiterhin so, wie ich es zuhause in meiner Familie gesehen hatte. Die Besucher am Portal zu empfangen, in der Küche zu arbeiten und die sonstigen Dienste zu versehen, war auf dem Schloß meines Vaters Sache der Diener und der übrigen Angestellten. Als ich Minderbruder geworden war, meinte ich deshalb, sozial abzusteigen, wenn ich das Amt des Pförtners oder des Kochs versähe oder betteln ginge oder die Aussätzigen pflegte. Trotzdem übernahm ich diese Aufgaben gern, genau genommen, um mich zu demütigen. Ich setzte sogar meine Ehre darein, auf diese Weise sozial abzusteigen. Ich dachte, darin bestünde die vom Evangelium verlangte Demut. Mit dieser Gesinnung war ich in den Orden eingetreten."

„Die Jahre vergingen. Da ich kein Talent für die Predigt hatte, blieb mir oft nichts anderes übrig, als diese, wie ich meinte, niedrigen, widerwärtigen Dienste zu übernehmen. Da es meine Pflicht war, zwang ich mich dazu. Ich demütigte mich aus Pflichtgefühl. Und es war wirklich demütigend."

„Es kam, was kommen mußte. Natürlich dachte ich allmählich, die anderen Brüder, die das Predigtamt versahen, hielten mich für ihren Hausknecht. Dies Gefühl konnte nur noch wachsen, als Brüder in den Orden eintraten, die jünger waren als ich und aus durchaus bescheidenen Verhältnissen stammten, und als auch sie zum Predigen auszogen und mir die Sorge für den materiellen Unterhalt der Kommunität überließen. Es verstörte und reizte mich, wenn mich einer kritisierte oder nur einen Wunsch äußerte. Ich sagte nichts, aber innerlich kochte ich. Hinterher beruhigte ich mich und nahm mich zusammen. Und demütigte mich noch etwas mehr. Immer aus Pflichtgefühl."

„So tat ich alles aus Pflicht. Ich dachte, das sei das Ordensleben. Aber es war nichts als ein schlechtgeschnittener Habit, in den ich mich hineinzwängte und den ich doch nicht tragen konnte. Sobald wie möglich zog ich ihn aus. Mein Leben, mein wahres Leben, sah anders aus. Es bestand darin, mich selbst zu finden. Tag für Tag hatte ich deshalb nichts Eiligeres zu tun, als diese widerwärtigen Beschäftigungen zu Ende zu bringen und mich in die Einsamkeit zu flüchten. Da fühlte ich mich wieder als mein eigener Herr, da lebte ich auf. Danach beschlagnahmte mich wieder die Pflicht. Ich zwang mich einmal mehr, für meine Brüder den Hausknecht zu spielen."

„Aber man verschleißt sich bei dieser Diät. Toll, wie man sich zusammenreißen kann. Was immer ich aus Pflichtgefühl tat – mein Herz war nicht dabei, ich tat es wie ein unglücklicher Sträfling. Ich konnte nicht mehr essen und nicht mehr schlafen. Übermüdet begann ich mein Tagewerk. Und allmählich konnte ich keinen Bruder mehr ausstehen. In jedem sah ich einen Herrn und mich als seinen Sklaven. Ich fühlte mich verkannt. Ich revoltierte. Ich kam mit keinem mehr zurecht. Schließlich befand ich mich in innerem Aufruhr gegen alle Welt. Naiv, wie ich war, kam ich dann zu der ehrlichen Überzeugung, der Herr wolle mich in völliger Abgeschiedenheit ganz für sich. Damals bat ich dich um die Erlaubnis, mich in diese Einsiedelei zurückziehen zu dürfen. Und ausgerechnet hier kam es zu der schrecklichen Krise, die du miterlebt hast. Soweit war es mit mir gekommen."

„Nichts von all dem, was du mir erzählst, wundert mich", sagte Franziskus freundlich. „Du erinnerst dich wohl an den Tag, als ich dich gegen deinen Willen zum Predigen schickte. Ich wollte, daß du aus dir herauskämest, aus der Isolierung, ich fühlte, daß du dich verkrochest."

„Ja, Vater, ich entsinne mich. Aber damals konnte ich dich nicht verstehen. Merkwürdig, heute wird mir alles klar."

„Der Herr hat sich deiner erbarmt. So erbarmt er sich eines jeden von uns, wenn dessen Stunde gekommen ist. Wenn wir am wenigsten darauf gefaßt sind. Dann erfahren wir seine Barmherzigkeit. Auf diese Weise gibt er sich uns zu erkennen. Wie der endlich einsetzende Regen, der den Staub von der Straße schwemmt."

„Das ist wahr. Ich habe den Eindruck, als begänne für mich ein neues Leben."

„Aber wie hat dir der Herr denn die Augen geöffnet?"

„Am Gründonnerstag, als wir alle miteinander zu Tisch saßen, wiederholte ein Bruder beiläufig ein Wort von dir. Er sagte: Wenn eine Mutter ihren leiblichen Sohn nährt und liebt, um wieviel mehr müssen wir unsere geistlichen Brüder nähren und lieben. Ich hatte dieses Wort schon oft aus deinem Munde gehört, aber es nicht sonderlich beachtet. Und, ehrlich gesagt, es auch nicht begriffen. Diesmal aber bekamen die Worte für mich einen Sinn. Ich war betroffen. Als ich wieder in meiner Zelle war, habe ich sie lange überdacht."

„In einer Familie, wo es kein Dienstpersonal gibt, sagte ich zu mir, wo alles natürlich zugeht, ist es Aufgabe der Mutter zu kochen, das Essen aufzutragen, das Haus aufzuräumen, sie ist ständig in Anspruch genommen. Und sie findet das normal. Sie fühlt sich deshalb nicht ungerecht behandelt. Sie hat nicht den Eindruck von Herabsetzung. Sie betrachtet sich nicht als Mädchen für alles. Sie liebt ihre Kinder und ihren Mann. Deshalb dient sie ihnen gern und unermüdlich. Gewiß, manchmal ist sie müde, sehr müde sogar, aber sie begehrt nicht auf. Und ich dachte an manche Familie in bescheidenen Verhältnissen, die ich gelegentlich näher kennengelernt hatte, wo die Mutter trotz all ihrer aufreibenden Arbeiten vor Frieden und Glück strahlte, mitten in all ihrer Mühsal."

„Da sah ich klar, daß ich auf dem falschen Weg war. Daß ich mich von einer Gesinnung leiten ließ, die dem Evangelium nicht entsprach. Daher mein Ärger. Ich hatte geglaubt, die Welt verlassen zu haben, weil ich die Beschäftigung gewechselt hatte. Ich hatte versäumt, mich innerlich zu ändern. In diesem Augenblick sprang meine Perspektive völlig um. Ich zögerte nicht, die mir geschenkte Erleuchtung in die Tat umzusetzen. Sofort stellte ich mich wieder in den Dienst meiner Brüder. Und seitdem leuchtet das Licht in mir immer heller. Und auch der Friede. Jetzt fühle ich mich leicht und frei wie der Vogel, der seinem Käfig entkommen ist."

„Du kannst dem Herrn danken," sagte Franziskus. „Durch das, was du erlebt hast, bist du wahrhaftig um eine Erfahrung reicher geworden. Jetzt weißt du, was ein Minderbruder, was ein Armer im Sinne des Evangeliums ist: ein Mensch, der freiwillig darauf verzichtet hat, über die anderen irgendwelche Befugnisse auszuüben, unter ihnen die führende Rolle zu spielen, und der sich dennoch nicht von Sklavengesinnung leiten läßt, sondern vom adeligsten Geiste, den es nur geben kann, vom Geiste des Herrn. Der Weg ist dornig. Wenige finden ihn. Was der Herr an dir getan hat, ist eine Gnade, eine sehr große Gnade."

„Sieh, nicht nur die Herren dieser Welt lassen sich vom Willen zur Macht und zum Herrschen leiten. Das tun auch jene Diener, die ihren dienenden Stand nicht freiwillig akzeptieren. Und dann ist dieser Stand ein schweres Joch, das den

Menschen so drückt, daß der Haß ihm den Schweiß treibt. Es ist sicher nicht das Joch des Herrn."

„Armut nach dem Evangelium, das heißt nicht nur, daß sich jemand zu tun verpflichtet, was der letzte Sklave tun muß, sondern daß er es in der Gesinnung und im Geiste des Herrn tut. Wo der Geist des Herrn weht, da ist das Herz nicht bitter, da ist kein Platz für Groll. Als ich noch in der Welt war, hielt ich es für das allerletzte, daß jemand Aussätzige pflegte. Aber der Herr erbarmte sich meiner. Er selbst brachte mich zu den Aussätzigen, und ich erwies ihnen Barmherzigkeit. Als ich von ihnen schied, hatte sich mir, was vorher unannehmbar erschien, in Freude für Leib und Seele verwandelt. Der Geist des Herrn ist nicht ein Geist der Verbitterung, sondern der Milde und Freude."

„Diese Erfahrung", sagte Rufin, „hat mich gelehrt, wie leicht man sich Illusionen über sich selbst macht. Und wie leicht man, ohne sich zu schämen, für eine Eingebung des Herrn hält, was doch nur ein Antrieb unserer Natur ist."

„Ja, man macht sich leicht Illusionen, darum stellen sie sich auch so oft ein. Es gibt aber ein sicheres Zeichen, durch das sie sich verraten."

„Welches Zeichen?", fragte Rufin.

„Daß man unruhig und verstört ist. Trübes Wasser ist nicht rein, das sieht jeder. Beim Menschen ist es genauso. Wenn ihn Unruhe befällt, ist das Motiv seines Handelns offenbar nicht klar, es ist ein ganzes Bündel von Motiven. Er läßt sich von etwas ganz anderem leiten als vom Geist des Herrn. Solange jemand alles hat, was er sich wünscht, kann er nicht wissen, ob er wirklich vom Geist Gottes geführt wird. Es ist leicht, seine Fehler zu Tugenden zu stilisieren und seine Selbstsucht hinter hohen und selbstlosen Absichten zu verstecken. Und das mit der schönsten Unbekümmertheit. Aber soll nur eine Gelegenheit kommen, wo der Mensch, der sich in dieser Weise belügt, auf Widerspruch oder Widerstand stößt, dann fällt die Maske. Er wird unruhig und gereizt. Hinter dem 'geistlichen' Men-

schen, den er sich ausgeliehen hatte, erscheint der
'fleischliche', der richtige Mensch, der sich mit Händen und
Füßen wehrt. Diese Unruhe und Agressivität machen deutlich, daß der Mensch aus anderen Tiefen gesteuert wird als aus
denen des Geistes des Herrn."

Die Glocke der Einsiedelei läutete. Es war Zeit zum Stundengebet. Franziskus und Rufin standen auf und gingen in
Richtung der Kapelle. Nichts beunruhigte, nichts bedrückte
sie mehr.

Franziskus nahm Rufin plötzlich beim Arm und hielt ihn zurück. „Hör zu, Rufin, ich muß dir noch etwas sagen."

Er schwieg eine Weile, die Augen wie nach innen gekehrt.
Er schien unschlüssig zu sein. Dann schaute er Rufin voll an
und sagte ernst: „Mit der Hilfe des Herrn hast du deinen
Wunsch nach einer führenden Rolle und nach Prestige in der
Kommunität überwunden. Aber nicht nur einmal mußt du ihn
überwinden, du wirst es zehn-, zwanzig-, hundertmal tun
müssen."

„Du machst mir Angst, Vater. Ich habe nicht das Format,
einen solchen Kampf durchzustehen."

„Den Sieg gewinnst du nicht durch Kampf, sondern durch
Anbetung. Der Mensch, der Gott anbetet, anerkennt, daß niemand außer Gott allmächtig ist. Er anerkennt und akzeptiert
ihn. Ohne Vorbehalt und von Herzen. Er freut sich, daß Gott
Gott ist. Gott existiert, das genügt ihm. Und das macht ihn frei.
Begreifst du?"

„Ja, Vater, ich begreife."

Während des Gespräches waren sie weitergegangen und nur
noch ein paar Schritte von der Kapelle entfernt.

„Wenn wir anzubeten wüßten", sagte Franziskus, „könnte
uns nichts ernsthaft beunruhigen. Wir würden die Welt so
ruhig durchmessen wie die großen Ströme."

9. Nichts verachten!

Es entging keinem Bruder in der Einsiedelei, daß Franziskus jetzt den Frieden wiedergefunden hatte. Aber jeder fühlte auch genau, daß der Friede noch nicht die Not von ihm genommen, sondern sie nur verklärt hatte. Franziskus machte nicht mehr den Eindruck eines zerbrochenen Mannes. Sein Gesicht war wieder wunderbar offen und hell. Man hörte ihn oft singen, und die Brüder freuten sich darüber. Aber er blieb für sie ein Mann, der aus Abgründen zurückkehrt. Er hatte sich Gott soweit genähert, wie ein Mensch nur kann ohne zu sterben. Er hatte mit dem Engel gerungen, allein in der Nacht, und er hatte gewonnen. Jetzt war er ihnen zurückgegeben, aber er trug das geheimnisvolle Zeichen dieses ungleichen Kampfes an sich. Das Licht, das jetzt wieder aus seinen Augen strahlte, hatte zwar aus seinem Gesicht jede Spur von Schatten getilgt, aber es war nicht stark genug, um jenen gefaßten Ernst zu überstrahlen, der die Abgründe einer Seele anzeigt, in die Gott sich eingegraben hat, um genug Platz für sich zu schaffen.

Franziskus hatte seine einsamen Meditationen wieder aufgenommen. Das lebhafte Frühlingslicht fiel nur gedämpft und sehr sanft auf die schmalen Pfade unter den Pinien. Hierher ging er gern, um sich zu sammeln und um zu beten. Er sprach keine oder nur wenige Gebete, er liebte keine formulierten Texte. Vor allem: Er lauschte. Er war nur da und beobachtete, fast wie ein Jäger auf der Pirsch. So verbrachte er viele Stunden in Erwartung, er merkte auf die geringste Bewegung der Wesen und Dinge um ihn her, immer darauf aus, die Zeichen von etwas unsichtbar Gegenwärtigem zu entdecken. Eine Vogelstimme, das Rascheln der Blätter, die akrobatischen Sprünge eines Eichhörnchens und sogar das langsame, stille Wachsen des Lebens – war das alles nicht eine geheimnisreiche göttliche Sprache? Man mußte sich darauf verstehen, demütig und mit größter Ehrfurcht aus der Stille des eigenen Wesens zu lauschen und zu begreifen und dabei nichts außer acht zu lassen und nichts zu stören. Ein sanfter Wind ging durch den Pinienwald, er summte eine hübsche Melodie. Und Franziskus erlauschte, was der Wind zu ihm sprach. Der Wind war sein großer Freund geworden. War der Wind nicht auch Pilger und Fremdling in dieser Welt, ohne Obdach, immer auf Irrfahrt und am Sterben? Ein Armer unter den Armen, und trotz seiner Ohnmacht trug er die verheißungsvollen Samenkörner durch die Schöpfung. Er behielt nichts für sich. Er säte und verschwand. Er sorgte sich nicht, wohin das alles fallen mochte, er kümmerte sich nicht um die Frucht seiner Mühe. Er säte nur und säte reichlich. Er klammerte sich an nichts, er war frei wie der unausmeßbare Raum. Er wehte, wo er wollte, so wie der Geist des Herrn, von dem die Schrift spricht. Und während Franziskus dem Lied des Windes lauschte, spürte er in sich das Verlangen wachsen, am Geist des Herrn und seinem heiligen Wirken teilzuhaben. Und dies Verlangen erfüllte ihn, je mehr es von ihm Besitz ergriff, mit einem unermeßlichen Frieden. Alle Wünsche seines Herzens wurden still, sie flossen ein in dieses höchste Verlangen.

Eines Abends kam Bruder Silvester vom Bettelgang heim und erzählte Franziskus, daß er sich in einem Bauernhaus, das an seinem Weg lag, verspätet habe, um eine arme Mutter zu trösten. Ihr Baby war schwer erkrankt. Das Kind behielt keine Nahrung mehr bei sich, es erbrach fast alles, was es zu sich nahm, und magerte besorgniserregend ab. Die Mutter sah ihren Kleinen täglich mehr verfallen, sie vermochte nichts, um ihn zu retten. Es zerriß ihr das Herz. Sie hatte zwei Jahre zuvor schon ein Kind auf ähnliche Weise verloren. Sie hatte keinen Mut mehr und weinte. Man konnte es nicht mit ansehen.

„Ich werde die arme Frau besuchen", sagte Franziskus nur.

Am nächsten Morgen machte sich Franziskus auf, er ging allein, er nahm seinen Weg quer durch Feld und Wald. Der bescheidene Bauernhof gehörte zu einem kleinen Dorf und war leicht zu finden. Ein niedriges Strohdach. Das ärmste und erbärmlichste, hatte Bruder Silvester gesagt.

In dem kleinen sonnigen Hof wurde Franziskus von einem mageren Hund begrüßt. Er lief Franziskus kläffend entgegen und gab keine Ruhe, bis er seine feuchte Schnauze in die Hand des Franziskus geschmiegt hatte. Die Tür der Kate stand offen. Franziskus trat ein und entbot seinen üblichen Gruß, den der Herr ihn gelehrt hatte: „Friede diesem Hause!" Eine Frauengestalt löste sich aus dem Dunkel der Stube und näherte sich der Tür. Sobald Franziskus ihr Gesicht erkennen konnte, wußte er, daß es die Mutter des kranken Kindes war. Ihre noch junge, aber traurige, müde Erscheinung ließen da keinen Zweifel.

„Ich habe von Bruder Silvester gehört, daß eines Eurer Kinder krank ist. Ich will es besuchen."

„Ihr seid wohl Bruder Franziskus." Ihr Gesicht entspannte sich sogleich. „Bruder Silvester hat mir von Euch erzählt. Willkommen, Bruder. Bitte, kommt herein."

Ohne Umstände führte sie ihn zu der Wiege ihres Kindes am anderen Ende der Stube. Der Kleine hatte die Augen offen, aber in dem wachsbleichen Gesichtchen regte sich nichts. Franziskus beugte sich mütterlich über das Kind und versuchte, es durch seine freundliche Miene zum Lächeln zu bewegen. Aber es lächelte nicht. Um seine großen, tief in die Höhlen gesunkenen Augen lagen blaue Schatten.

„Wird der liebe Gott mir auch dieses nehmen? Das wäre das zweite in zwei Jahren. Das kann doch nicht sein."

Franziskus schwieg. Der Schmerz der Mutter war ihm nicht fremd. Er verstand ihn besser als irgend jemand, er spürte seit Monaten denselben Schmerz. Auch er wußte, was es heißt, Kinder zu verlieren und Tag für Tag zusehen zu müssen, wie sie zugrunde gingen. Die Not dieser Frau rührte und erschütterte ihn.

„Arme Mutter! Ihr dürft vor allem das Vertrauen nicht verlieren. Man kann alles aufgeben, nur das Vertrauen nicht."

Er sagte das nicht leichthin, einfach, weil er etwas sagen mußte und ohne selbst daran zu glauben. Seine Worte kamen ihm von Herzen, und die Frau spürte das sehr wohl. Mancher hatte ihr gewiß schon ähnliches gesagt, aber nicht so. Trostworte waren ihr noch nie so nahe gegangen. Diese entsprangen einer viel tieferen Quelle. Es mußte einer selbst viel gelitten und vielleicht alles verloren haben, um mit solcher Einfühlung und zugleich mit solchem Ernst zu sprechen. Er mußte durch die Verzweiflung gegangen sein und dann den festen Boden, den verläßlichen Grund der Realität, wiedergefunden haben.

Ein Fenster neben der Wiege ging auf ein Gärtchen hinter dem Haus. Man sah den Großvater im Schatten eines üppig blühenden Apfelbaumes sitzen. Er hatte einen kleinen Jungen auf den Knien, dem er eine Geschichte erzählte. Neben ihm spielte im Gras ein Mädchen mit einer jungen schwarzen Katze.

„Das sind wohl die beiden Älteren mit dem Großvater."

„Ja, das sind meine beiden Großen."

„Es scheint ihnen gut zu gehen."

„Gewiß, die sind gut dabei", gab sie leicht gekränkt zur Antwort. „Da kann ich mich nicht groß beklagen, Gott sei Dank."

„Ja, Gott sei Dank! Ihr tut recht daran, dem Herrn dafür zu danken."

„Gewiß, aber hätte ich zehn wie die beiden, gesund und munter, alle zusammen könnten mir den Jungen nicht ersetzen, den ich verloren habe. Ein Kind läßt sich nicht ersetzen. Jedes ist nur einmal da. Wenn man eines verloren hat, vermögen alle anderen zusammen, soviele ihrer sind, die Leere nicht auszufüllen. Und je mehr eine Mutter für ein Kleines gelitten hat, um so mehr hängt sie an ihm."

Schweigen. Durch das Strohdach trippelte eine Maus. Draußen im Gärtchen erzählte der Großvater noch immer an seiner Geschichte. Offenbar war er an der spannendsten Stelle angekommen. Seine Stimme klang gewichtiger, geheimnisvoller, er machte ein Gesicht wie ein Schauspieler auf dem Höhepunkt des Dramas. Das Mädchen hatte plötzlich die Katze losgelassen, es drängte sich an den Großvater und schmeichelte: „Nochmal von vorn, Großvater, ich habe den Anfang nicht mitbekommen."

„Laß Großvater weitererzählen", wandte ihr Bruder ein und schob sie beiseite.

Großvater tat, als hörte er nicht, er fuhr mit der größten Ruhe in seiner Geschichte fort.

Das Baby in der Wiege hatte seine Augen geschlossen. Franziskus hob die Hand und segnete es. Dann zog er sich leise zurück.

„Wir wollen es schlafen lassen. Ich sehe bald wieder nach ihm."

„Mein Mann ist gerade auf dem Feld. Er kommt erst heute abend nach Hause. Aber sagt doch dem Großvater Guten Tag, ehe Ihr geht."

„Lieber nicht, laßt ihn, bitte. Im Augenblick dürfen wir ihn nicht stören. Wir würden den Kindern den Spaß verderben. Sie brauchen den Großvater zum Geschichtenerzählen. Kinder ohne Geschichten sind wie ein Morgen ohne Sonne oder wie ein Pflänzchen ohne Wurzeln. Ich denke noch immer an die Geschichten, die unsere Mutter uns erzählte, als wir klein waren. Unsere Mutter stammte aus der Provence, sie kannte sich in den französischen Sagen und Legenden gut aus. An den langen Winterabenden, vor dem Zubettgehen, drängten wir uns um sie und hörten ihr zu, mit Vergnügen und bisweilen auch mit ein wenig Angst. Sie erzählte, was sich Wunderbares im Wald Brocéliande begeben hatte, in dem der Zauberer Merlin und die Fee Viviane lebten. Andere Male sprach sie von Kaiser Karl mit dem weißen Bart und von seinen kühnen Rittern Roland und Oliver. Wir sahen das schöne, liebliche Land vor uns, durch das Kaiser Karl, eskortiert von seinen Paladinen, ritt. Alle diese Erinnerungen sind mir geblieben. Ich fühle, sie gehören mir, und manchmal werden sie wieder in mir wach. Auch aus diesen bescheidenen irdischen Stimmen spricht Gott. Man darf sie nicht verachten, man darf nichts verachten, nicht einmal die Feen. Sie sind Töchter Gottes."

Die Frau hörte ihm zu, sie hing an den Lippen dieses so sanften und ernsten Mannes. Vor allem war sie angerührt von der großen Herzlichkeit, die in den Worten des Franziskus durchklang, die aus seinem ganzen Wesen strahlte und alle Dinge verklärte. Während sie ihn so sah und hörte, bekam die Welt für sie einen anderen Sinn und eine neue Intensität, die Welt wurde weit und tief, sie erschien voll von verborgener Harmonie. Nichts darin war überflüssig, alles stand und wurzelte in ein und derselben ursprünglichen Güte. Man konnte ihr vertrauen. Gott war in ihr überall gegenwärtig, sogar in den Märchen und den wundersamen Feengeschichten.

„Ihr müßt uns an einem der nächsten Abende noch einmal besuchen."

„Das wird sehr bald sein. Auf Wiedersehen!"

Auch zurück ging Franziskus quer durch Wald und Feld. Jetzt hatte er Anteil am Schmerz dieser Mutter. Zurück in der Einsiedelei, verharrte er noch lange im Gebet, während die Nacht hereinbrach. So hielt er es zwar meistens, aber heute abend gingen seine Gedanken besonders zu den armen Leuten, die er besucht hatte. Er bat den Herrn nicht, ihre Armut von ihnen zu nehmen, aber doch, er möge ihnen zur Armut die Freude fügen. Wo frohe Armut herrscht, da ist weder Begehrlichkeit noch Geiz. Er sah diese arme, müde und mutlose Frau vor sich, sie erwartete offenbar Hilfe von ihm. Er dachte auch an alle anderen müden, traurigen Mütter. Das Leid dieser Welt erschien ihm unendlich. Und bodenlos wie die Nacht.

10. Man kann die Sonne nicht am Scheinen hindern

„Das wird sehr bald sein", hatte Franziskus zu der Mutter gesagt. Ein paar Tage später schon machte er sich gegen Abend mit Bruder Leo auf, um das kranke Kind zu besuchen. Ihm war eingefallen, er könnte gut das Säckchen Blumensamen mitnehmen, das Schwester Klara ihm bei seinem Besuch in San Damiano gegeben hatte.

„Ich säe sie unter dem Fenster der Kinder aus", sagte er sich, „das wird ihnen etwas Freude machen. Wenn sie ihre Kate von Blumen umrahmt sehen, lieben sie sie noch mehr. Alles ist ganz anders, wenn man als Kind Blumen um sich gehabt hat."

Franziskus hing diesem Gedanken nach, während er querfeldein hinter Leo herging. Beide waren an diese stillen Gänge durch die offene Natur gewöhnt. Sie stiegen die Hänge einer Schlucht hinab. Unten rumorte ein Wildbach. Es war ein abgelegener Platz von wilder, reiner Schönheit. Das bis auf den Grund klare, in kurzen azurnen Blitzen aufleuchtende Wasser sprang übermütig über die Felsen. Es verbreitete intensive Frische, die bis in das anstoßende Unterholz drang. Ein paar Wachholderbüsche wuchsen hie und da zwischen den Felsen und hingen in das schäumende Wasser.

„Unsere Schwester, die Quelle", rief Franziskus, als er an den Bach trat. „Deine Klarheit ist ein Loblied auf die Unschuld des Herrn."

Leo sprang von Stein zu Stein schnell über den Bach. Franziskus kam ihm etwas langsamer nach. Leo stand schon am anderen Ufer und wartete auf ihn. Er sah zu, wie das klare Wasser über den goldroten Sand zwischen den grauen Steinblöcken dahinschoß. Als Franziskus bei ihm war, blieb Leo noch eine Weile nachdenklich stehen. Er konnte sich anscheinend von diesem Schauspiel nicht losreißen. Franziskus sah ihn an. Leo schaute traurig drein.

„Du grübelst, scheint mir."

„Ja, wenn uns ein bißchen von dieser Reinheit vergönnt wäre, dann hätten auch wir die närrische, überbordende Freude unserer Schwester Quelle und die unwiderstehliche Kraft ihres Wassers."

Ein abgründiges Heimweh schwang in Leos Worten. Er starrte melancholisch auf den Bach – ein Bild der Reinheit, die sich dem Menschen für immer versagt.

„Komm", sagte Franziskus und zog ihn mit sich.

Die beiden machten sich wieder auf den Weg. Sie schwiegen eine Weile, dann fragte Franziskus: „Weißt du, Bruder, was ein reines Herz ist?"

„Wenn man sich nichts vorzuwerfen hat", antwortete Leo ohne lange zu überlegen.

„Dann verstehe ich, daß du traurig bist, irgendetwas hat man sich immer vorzuwerfen."

„Eben, und deshalb habe ich die Hoffnung auf ein reines Herz aufgegeben."

„Ach, Bruder Leo, glaub mir, kümmere dich nicht so sehr um die Reinheit des Herzens. Sieh auf Gott. Bewundere ihn. Freu dich, daß es ihn gibt, ihn, den ganz und gar Heiligen. Dank ihm um seiner selbst willen. Eben das, mein kleiner Bruder, heißt ein reines Herz haben."

„Und wenn du dich so Gott zugewandt hast, wende dich vor allem nie auf dich selbst zurück. Frag dich nicht, wie du mit Gott stehst. Die Trauer darüber, daß man nicht vollkommen ist und daß man den Sünder in sich entdeckt, ist ein noch menschliches, ein allzu menschliches Gefühl. Du mußt den Blick höher, viel höher heben. Es gibt Gott, es gibt die Unendlichkeit Gottes und seine unwandelbare Herrlichkeit. Ein Herz ist rein, wenn es nicht abläßt, den lebendigen und wahren Herrn anzubeten. Es nimmt tiefen Anteil an Gottes Leben und ist so stark, daß es sich noch in all seinem Elend von der ewigen Unschuld und der ewigen Freude Gottes anrühren läßt. Ein solches Herz ist zugleich leer und übervoll. Daß Gott Gott ist, genügt ihm. Aus dieser Gewißheit schöpft es all seinen Frieden und all seine Freude. Und die Heiligkeit eines Herzens, auch die ist dann nichts anderes als Gott."

„Aber Gott verlangt, daß wir uns bemühen und ihm treu bleiben", wandte Bruder Leo ein.

„Gewiß, aber die Heiligkeit besteht nicht darin, daß man sich selbst verwirklicht, und besteht nicht in der Erfüllung, die man sich selbst verschafft. Heiligkeit ist zuerst einmal Leere, die man in sich vorfindet, die man akzeptiert und die Gott in eben dem Maße ausfüllt, in dem man sich seiner Fülle öffnet."

„Sieh, unser Nichts wird, wenn wir es akzeptieren, zum leeren Raum, in dem Gott aber noch als Schöpfer wirken kann. Der Herr läßt sich seinen Ruhm von niemandem streitig machen. Er ist der Herr, der Einzigartige, der allein Heilige. Aber er nimmt den Armen bei der Hand, zieht ihn aus seinem Elend und setzt ihn zu den Fürsten seines Volkes, auf daß er Gottes Herrlichkeit schaue. Gott macht sich zum Himmel über seinem Herzen."

„Bruder Leo, die höchste Forderung jener Liebe, die der Geist des Herrn unablässig in unsere Herzen einflößt, lautet: Sich in die Herrlichkeit Gottes betrachtend versenken; staunend entdecken, daß Gott Gott ist, in alle Ewigkeit und über alles hinaus, was wir sind und sein können; sich von ganzem Herzen freuen, daß er existiert; sich für seine ewige Jugend begeistern; ihm danksagen um seiner selbst und um seiner nie versagenden Barmherzigkeit willen. Das heißt, ein reines Herz haben. Aber zu dieser Reinheit kommt man nicht dadurch, daß man sich plagt und abrackert."

„Wie denn?" fragte Bruder Leo.

„Sich selbst einfach aufgeben. Nichts behalten wollen. Auch das eigene Elend nicht mehr unter die Lupe nehmen. Reinen Tisch machen. Die eigene Armseligkeit akzeptieren. Alle Last abwerfen, sogar die Last unserer Fehler. Sich nur noch die Herrlichkeit des Herrn vor Augen halten und sich ihrer Strahlung aussetzen. Gott existiert, das genügt. Dann wird das Herz leicht. Es fühlt sich selbst nicht mehr, wie die Lerche, die glückstrunken im Blau des weiten Himmels schwebt. Das Herz hat alle Sorge, alle Unruhe von sich getan. Sein Verlangen nach Vollkommenheit hat sich in ein einfaches, reines Ja zu Gott verwandelt."

Leo ging vor Franziskus her und hörte nachdenklich zu. Allmählich wurde ihm leichter ums Herz, und es kam großer Friede über ihn.

Bald hatten sie das bescheidene Anwesen vor sich. Sie betraten eben den Hof, als die Frau schon zu ihrer Begrüßung erschien. Sie stand auf der Schwelle ihres Hauses, sie schien die beiden erwartet zu haben. Sobald sie ihrer ansichtig wurde, ging sie ihnen entgegen. Ihr Gesicht strahlte.

„Bruder", wandte sie sich mit bewegter Stimme an Franziskus, „ich dachte mir schon, daß Ihr heute abend kommen würdet, und habe Euch erwartet. Wenn Ihr wüßtet, wie glücklich ich bin! Meinem Kleinen geht es viel besser. In den letzten Tagen hat er etwas essen können. Ich weiß nicht, wie ich Euch danken soll."

„Gott sei gelobt! Ihm müssen wir danken."

Er betrat die niedrige Kate, Leo kam hinter ihm her. Er trat an das Bettchen und beugte sich über das Kind. Ein schönes, volles Lächeln kam ihm entgegen. Die Mutter war entzückt. Man sah, das Kind war gerettet.

Unterdessen trat der Großvater mit den beiden älteren Kindern, die ihm um die Beine sprangen, ins Haus. Ein noch recht schlanker Mann, bedächtiges Gesicht, friedfertige, klare Augen.

„Guten Abend, Brüder! Es ist lieb von Euch, daß Ihr uns besuchen kommt. Wir hatten viel Sorge um den Kleinen. Aber nun kommt wohl alles wieder in Ordnung."

„Es freut mich, ich danke dem Herrn dafür", sagte Franziskus.

„Ja, man müßte ihm immerzu danken", fuhr der alte Mann ruhig und nachdenklich fort, „auch wenn nicht alles so läuft, wie wir es gern hätten. Dann allerdings tut man sich schwer. Wir haben immer zu wenig Hoffnung. Als ich jung war, verlangte ich manchmal Rechenschaft von Gott, wenn nicht alles nach meinen Wünschen lief. Wenn Gott nicht auf mich hörte, war ich unruhig und manchmal sogar gereizt. Heute verlange ich von Gott keine Rechenschaft mehr. Ich habe begriffen, daß das kindisch und lächerlich ist. Gott ist wie die Sonne. Ob man sie sieht oder nicht, ob sie kommt oder sich versteckt – sie scheint. Soll mal einer die Sonne am Scheinen hindern! Ebensowenig kann man Gott daran hindern, seine Barmherzigkeit scheinen zu lassen."

„Das ist wahr", sagte Franziskus. Gott ist gut und kann nur Gutes wollen. Aber er ist doch auch anders als die Sonne, sie scheint ohne unser Zutun und ohne uns zu fragen. Gott aber will, daß seine Güte den Weg durch die Herzen der Menschen nimmt. Das ist wunderbar, aber auch furchtbar. Es hängt von jedem einzelnen ab, es ist unsere Sache, ob die Menschen die Barmherzigkeit Gottes erfahren oder nicht. Darum ist Güte etwas so Kostbares."

Die beiden Kinder, die sich an ihrem Großvater festhielten, schauten Franziskus und Leo aus großen Augen an, verwundert und als warteten sie auf etwas Besonderes. Sie hörten zu, vielmehr, sie schauten zu, das war ihre Art zuzuhören. Wie Franziskus die Menschen anblickte und mit ihnen sprach, das machte großen Eindruck auf sie. Da war soviel Leben, soviel Herzlichkeit. Sie waren wie verzaubert.

„Auf", rief Franziskus plötzlich, „wir wollen fröhlich sein. Eurem kleinen Bruder geht es gut, da muß man sich ja freuen."

Dann wandte er sich an den Ältesten, der die Augen nicht von ihm ließ. „Komm, kleiner Mann, ich will dir etwas zeigen."

Er nahm ihn bei der Hand und zog ihn in den Hof vor die Haustür. Alle kamen hinter ihm her. Das Töchterchen drängte sich vor. Sie wollte unbedingt sehen, was passieren würde.

„Ich habe Blumensamen mitgebracht". Franziskus zeigte dem Kinde das Säckchen. „Es sind sehr schöne Blumen. Aber wohin säen wir sie nur?"

Franziskus schaute sich im Hof um. Am Fuß der Hausmauer unter den Fenstern stand ein uralter, ziemlich langer Steintrog, der als Tränke gedient haben mußte. Er war voll Erde und trockenem Laub, darin wuchs wildes Kraut.

„Der Trog ist sehr gut dafür", meinte der Großvater.

Franziskus riß schnell ein paar Kräuter aus. Er grub die Erde mit den Händen um und begann, die kleinen Samenkörner auszustreuen. Alle sahen zu, wie seine Hand rasch hin und her fuhr, und versuchten, die winzigen Körner zu erspähen, die seine Hand fallen ließ.

„Warum tust du das?", fragte der Junge interessiert.

„Du wirst", antwortete Franziskus und säte weiter, „du wirst, wenn du siehst, wie die kleinen Blüten sich in der Sonne öffnen und dich prächtig anlachen, selber lachen und rufen: Er hat sehr hübsche Sachen gemacht, der liebe Gott."

„Und wie heißen die kleinen Blumen?", fragte der Junge weiter.

„Wie sie heißen? Ja, das weiß ich selber nicht. Aber wenn du willst, nennen wir sie 'Speranza'. Behältst du den Namen? Das sind Speranza-Blumen."

Der kleine Mann staunte und buchstabierte langsam: „Spe-ran-za."

Gerade kam der Vater von der Arbeit nach Hause. Stämmig, verwaschenes Hemd, die nackten Beine grau von Staub, sonnengebräuntes Gesicht, offener Kragen, die Ärmel zurückgeschlagen, starke braune Arme. Er lachte über das ganze Gesicht. Aus seinem Lachen strahlte die Sonne eines ganzen Tages. Er ging auf die Brüder zu.

„Guten Abend, Brüder! Es war ein guter Einfall, daß Ihr heute abend kommt. Das trifft sich gut. Ich bin mit meiner Arbeit etwas früher fertig geworden. Nun, habt Ihr den Kleinen gesehen? Es geht ihm viel besser, stimmt's? Wirklich außergewöhnlich."

Eine starke und doch einfache Erscheinung. Daß er müde war, minderte den Eindruck von kraftvoller Gelassenheit nicht, es verstärkte ihn im Gegenteil

„Ihr werdet solange bleiben, daß Ihr mit uns zu Abend essen könnt", sagte er in freundlichem Ton, der keinen Einwand gelten ließ.

Dann wandte er sich zum Gehen und fügte hinzu: „Einen Augenblick, bitte. Ich wasche mir nur eben durchs Gesicht. Dann bin ich für Euch da."

Er kam bald frisch gewaschen zurück. Er bat seine Gäste ins Haus zum Essen. Das war sehr bescheiden: eine dicke Suppe mit ein bißchen „verdura". Armenkost, wie Franziskus sie liebte.

Nach dem Essen traten alle hinaus in das Gärtchen hinter dem Hause. Die Hitze des Tages war verflogen. Die Sonne war hinter dem Horizont verschwunden, aber ihr Schein stand noch am Himmel. Weit hinten über dem Hügel reckten sich ein paar mächtige Zypressen in den goldenen, orangenen und rosafarbenen Himmel, sie warfen ihren schmalen, überlangen Schatten auf die Felder. Es war mild und still. Die ganze Familie setzte sich unter den Apfelbaum ins Gras, alle Blicke richteten sich auf Franziskus. Eine stille, erwartungsvolle Pause, dann sagte der Vater:

„Meine Frau und ich, wir fragen uns schon seit einiger Zeit, was wir tun könnten, um vollkommener zu leben. Natürlich können wir unsere Kinder nicht im Stich lassen und leben wie die Brüder. Was sollen wir tun?"

„Ihr tut genug, wenn Ihr das Evangelium in dem Stande befolgt, zu dem der Herr Euch berufen hat."

„Aber wie sieht ein solches Leben praktisch aus?"

„Der Herr sagt im Evangelium zum Beispiel: Der Größte unter euch sei wie der Kleinste und der Herr wie der Knecht. Dies Wort gilt für jede Gemeinschaft, auch für die Familie. Also muß der Herr der Familie, dem man zu gehorchen hat und der als der größte gilt, sich als der kleinste geben und sich zum

Diener aller im Hause machen. Er kümmert sich um jeden mit so viel Liebe, wie er erwarten würde, wäre er an ihrer Stelle. Er geht mit allen ruhig und rücksichtsvoll um. Und macht einer etwas falsch, regt er sich nicht auf, sondern ermahnt ihn schön geduldig und bescheiden und erträgt ihn in Güte. Das heißt, nach dem Evangelium leben. Wer es so hält, hat teil am Geist des Herrn. Man braucht, wie Ihr seht, nicht von großen Dingen zu träumen. Man muß sich immer auf die Einfachheit des Evangeliums besinnen und muß vor allem mit dieser Einfachheit Ernst machen."

„Ein anderes Beispiel. Der Herr sagt im Evangelium: Selig die Armen im Geiste, denn ihrer ist das Himmelreich. Wer ist arm im Geiste? Viele sind ständig am Beten, sind immer beim Stundengebet dabei und befehden ihren Leib mit Abstinenz und Kasteiung. Aber wenn nur ein einziges Wort der Kritik an ihrer Person laut wird oder ihnen jemand eine Kleinigkeit wegnimmt, regen sie sich auf und nehmen Ärgernis. Sie sind nicht arm im Geiste, denn wer den Geist der Armut hat, haßt sich selbst und liebt den, der ihn ohrfeigt."

„Man könnte viele Beispiele beibringen und auf das Leben anwenden. Aber im Evangelium hängt sowieso alles zusammen, es kommt nicht darauf an, an welchem Ende man beginnt. Besitzt man eine der evangelischen Tugenden, so hat man notwendig auch alle anderen. Wer gegen eine verstößt, verstößt gegen alle und besitzt keine. Deshalb kann einer gar nicht richtig arm sein im Sinne des Evangeliums, ohne auch demütig zu sein. Und keiner ist richtig demütig, wenn er sich nicht jeder Kreatur unterordnet, zuerst und vor allem unserer Mutter Kirche. Das alles gelingt nicht ohne starkes Vertrauen in unseren Herrn Jesus, der die Seinen niemals im Stich läßt, und in den Vater, der weiß, was wir brauchen. Es gibt nur einen Geist des Herrn. Es ist ein kindlicher, friedfertiger, barmherziger und fröhlicher Geist."

Franziskus blieb noch lange bei diesem Thema. Für die einfachen, aufgeschlossenen Leute war es eine wahre Freude, ihm zuzuhören.

Es begann, dunkel zu werden; die Nacht hängte sich in die dicken, knorrigen Äste des Apfelbaumes. Kaum merklich wurde es frisch. Die Kinder, die beiden älteren, hatten sich an ihren Großvater geschmiegt und lieferten sich ab und zu ein unschuldiges Gerangel. Sie wurden allmählich ungeduldig und suchten Bewegung. Franziskus und Leo mußten an Aufbruch denken. Sie erhoben sich und nahmen von ihren Gastgebern Abschied.

Es war angenehm, durch den frischen Abend zu gehen. Der Himmel war jetzt indigoblau. Die Sterne zogen auf, einer nach dem anderen. Franziskus und Leo kamen in den Wald. Der Mond war aufgegangen. Sein Licht fiel in die Baumkronen, floß zwischen dem Laub die Stämme hinab bis ins Unterholz, wo es auf den Farnen und Waldbeersträuchern in kräftigen silbernen Tropfen zersprang. Überall im Walde stand Licht, ein grünes, mildes, gastliches Licht, der Blick konnte sehr weit in die endlosen Korridore schweifen. Auf den alten Baumstümpfen leuchteten wie feiner Sternenstaub die Flechten und Moose. Leo hatte das Gefühl, der ganze Wald schicke sich an, heute abend jemanden zu empfangen, so schön war er im Spiel von Licht und Schatten. Und alles duftete, die Rinden, die Farne, die Minze und tausend unsichtbare Blüten. Die beiden gingen schweigend dahin. Vor ihnen brach plötzlich ein Fuchs aus dem Dickicht, sprang durch eine Lache von Licht, sein roter Pelz stand eine Sekunde in Flammen. Dann tauchte er, kurz bellend, schnell im Schatten unter. Heimliches Leben wurde wach. Die Nachtvögel riefen einander. Tausend raschelnde Geräusche drangen aus dem dichten Unterholz. Auf einer Lichtung blieb Franziskus stehen und sah zum Himmel. Die Sterne, jetzt zu ihren Bildern gruppiert, funkelten herab. Auch sie schienen zu leben. Die Nacht war wunderbar klar und mild. Franziskus holte tief Atem und genoß den Duft des Waldes. All dies unsichtbare, erschauernde, abgründige Leben um ihn her erschien ihm nicht als finstere, beunruhigende Macht. Für ihn hatte es sein drohendes, unheimliches Wesen verloren.

Für ihn war es hell und durchsichtig geworden. Es gab ihm Kunde von der göttlichen Güte, aus der alle Dinge stammen. Er machte sich fröhlich wieder auf den Weg und begann zu singen. Er war ergriffen von Gottes Güte, von Gottes gewaltiger, starker Güte.

„Du allein bist gut. Du bist der Gute, alles Gute. Du bist unsere große Güte. Du bist unser ewiges Leben, großer, wunderbarer Herr."

Die Melodien zum Text improvisierte er. In seiner Freude las er zwei Hölzer vom Boden auf, legte das eine auf seinen linken Arm und begann mit dem anderen Holz darüber zu streichen, als führe er den Bogen über die Viola. Leo schaute ihm zu. Franziskus strahlte, er ging, er sang, er tat, als begleite er sich auf der Viola. Leo hatte Mühe, mit ihm Schritt zu halten.

Plötzlich ging Franziskus langsamer. Leo sah erschrocken, wie sein Gesicht sich veränderte. Es war von Schmerzen, von bitteren Schmerzen geprägt. Er sang weiter, aber es war ein schmerzlicher Gesang.

„Du hast dich herabgelassen, meiner Liebe zuliebe zu sterben. Die süße Gewalt deiner Liebe möge mich bewegen, zuliebe deiner Liebe zu sterben."

Leo war sich fast sicher, daß Franziskus in diesem Augenblick seinen Herrn am Holz des Kreuzes hängen sah. Franziskus erblickte ihn gegen Ende seines langen Todeskampfes, er rührte sich noch, er kämpfte zwischen Leben und Tod, ein schauerliches menschliches Wrack. Gerade die Freude hatte Franziskus mit einem Schlag das Bild des Gekreuzigten vor Augen gebracht. Die armseligen Hölzer hatte er fallen lassen. Aber schon sang er seine Lob-Litanei weiter, lauter als vorher, seine Stimme hallte im Walde rein durch die Nacht.

„Du bist das Gute, alles Gute, großer, wunderbarer Herr, barmherziger Erlöser."

Leo war von diesem neuen Umschwung des Gefühls, zurück in die Freude, überrascht. Das Bild des Gekreuzigten hatte

Franziskus nicht um seine Freude gebracht, im Gegenteil. Und Leo dachte, dies Bild müsse wohl die eigentliche, die reine, nie versiegende Quelle der Freude sein. Das Bild von Schande und Schmerz war wohl das eigentliche Licht auf seinem Wege. Dies Bild deckte ihm das Geheimnis der Schöpfung auf. Es ließ ihn begreifen, daß sie trotz aller Schändlichkeiten und Verbrechen dieser Welt zu Gott heimgeführt und schon voll ist von jener souveränen Güte, die der Anfang aller Dinge ist.

Das Antlitz des Franziskus hatte sich auf wunderbare Weise wieder erhellt, es lag etwas Kindliches auf seinen Zügen. Als blühe die Schöpfung plötzlich in göttlicher Unschuld vor seinen Augen auf und als erschaue er das Wunder des Daseins in seiner anfänglichen Unberührtheit.

Sie überquerten eine Lichtung. Am Waldrand hatte sich ein Rudel Hirsche niedergetan. Sie sprangen auf die Läufe. Unbeweglich, den Kopf gereckt, sahen die Tiere diesen Befreiten singend vorüberschreiten. Sie schienen gar nicht zu erschrekken. Da begriff Leo, daß er Zeuge einer außerordentlichen Stunde war. Er hatte richtig vermutet, heute abend war der Wald voller Erwartung. Alle Bäume, Tiere und auch die Sterne waren darauf gefaßt, daß Bruder Mensch vorbeikommen würde. Die Natur hatte sicher schon lange so gewartet, seit Jahrtausenden vielleicht. Aber heute abend wußte sie aus geheimem Instinkt, daß er kommen mußte. Da war er und gab ihr durch sein Lied die Freiheit.

11. Wie trockenes Holz im Winterwald

Am Waldrand, nicht weit von der Einsiedelei, stieg eine dünne bläuliche Rauchsäule auf. Sie erhob sich leicht und gerade, von keinem Windhauch verwischt. Unbewegt und steil wie die hohen Stämme, erschien sie als Teil der Landschaft. Und doch machte sie Bruder Leo neugierig; ungewöhnlich, so ein Rauch. Wer konnte denn schon so früh am Morgen hier Feuer gemacht haben? Leo wollte die Sache aus dem Kopf haben, ging hin, bog einige Büsche auseinander und sah einen Steinwurf entfernt Franziskus vor einem kleinen Feuer stehen. Was konnte das sein, was er da verbrannte? Leo sah, wie er sich bückte, einen Pinienzapfen aufhob und in die Flammen warf.

Leo verhielt einen Augenblick, dann ging er leise näher.

„Was verbrennst du da, Vater?"

„Einen Korb."

Leo schaute genauer hin. Er erkannte die Reste eines verglimmenden Weidenkorbes. „Das ist doch wohl nicht der Korb, den du in den letzten Tagen geflochten hast?"

„Doch, genau der."

„Warum hast du ihn verbrannt? Schien er dir nicht gut gelungen?"

„Doch, sehr gut, zu gut sogar."

„Aber warum hast du ihn dann verbrannt?"

„Weil er mich vorhin, als wir die Terz beteten, sehr gestört hat, ich war zerstreut. Es war nur gerecht, ihn dafür dem Herrn zu opfern."

Leo sperrte Mund und Augen auf. Er glaubte Franziskus gut genug zu kennen und war doch immer wieder von seinen Reaktionen überrascht. Diesmal fand er sein Verhalten übertrieben streng.

„Vater, ich begreife dich nicht. Wenn man alles verbrennen müßte, was uns beim Beten stört, käme man an kein Ende."

Franziskus ging darauf nicht ein.

„Du weißt", fuhr Leo fort, „daß Bruder Silvester mit dem Korb gerechnet hat. Er brauchte ihn dringend. Er hat schon sehr darauf gewartet."

„Ja, ich weiß. Ich werde ihm sofort einen neuen machen. Aber diesen mußte ich verbrennen. Das war wichtiger."

Der Korb war ausgebrannt. Franziskus erstickte den Rest der Glut mit einem Stein. Dann faßte er Leo am Arm. „Komm, ich erkläre dir, warum ich das getan habe."

Er nahm ihn ein kurzes Stück mit bis hin an eine Weidenreihe. Er schnitt sich ein gehöriges Bündel weicher Ruten. Dann setzte er sich auf die Erde und begann, einen neuen Korb zu flechten. Leo hatte sich neben ihn gesetzt und wartete, daß Franziskus ihm die Sache erklären würde.

„Ich will körperlich arbeiten, und ich will auch, daß alle meine Brüder arbeiten. Nicht aus Geldgier, sondern des guten Beispiels wegen und damit sie nicht müßig gehen. Es gibt nichts Traurigeres als eine Kommunität, in der nicht gearbeitet wird. Doch die Arbeit ist nicht alles, Bruder Leo, sie löst nicht alle Probleme. Sie kann für die wahre Freiheit des Menschen sogar zu einem bösen Hindernis werden. Das geschieht immer dann, wenn er sich von seiner Hände Werk so sehr beschlagnahmen läßt, daß er darüber vergißt, den lebendigen und wahren Gott anzubeten. Deshalb müssen wir eifersüchtig darüber wachen, daß der Geist des Gebetes nicht in uns erstickt. Das ist wichtiger als alles andere."

„Ich verstehe, Vater, aber wir können deshalb doch unserer Hände Werk nicht jedesmal vernichten, wenn es uns beim Beten stört."

„Ganz recht", entgegnete Franziskus, „aber man muß bereit sein, dem Herrn das Opfer zu bringen, das ist das Wichtigste. Nur so bleibt der Mensch für Gott verfügbar. Unter dem alttestamentlichen Gesetz opferten die Menschen Gott die Erstlinge von ihren Feldern und aus ihren Herden. Sie zögerten nicht, sich von dem Schönsten zu trennen, das sie hatten – eine

Geste der Anbetung, aber auch der Selbstbefreiung. So hielt der Mensch sich offen für Gott. Was er opferte, weitete seinen Horizont auf das Unendliche. Darin lag das Geheimnis seiner Freiheit und seiner Größe."

Franziskus brach ab. Er schien sich ganz auf seine Arbeit zu konzentrieren. Aber Leo neben ihm merkte, daß er noch etwas sagen wollte. Etwas Wesentliches, etwas, das ihm am Herzen lag und das auszusprechen, wie Leo deutlich spürte, ihm schwer fiel. Darum empfand er das Schweigen als so lang, er hätte gern etwas gesagt, gern ein Wort in dieses Schweigen gesprochen. Aber aus Takt hielt er sich zurück. Plötzlich wandte sich Franziskus zu ihm und sah ihn mit besonderer Herzlichkeit an.

„Ja, Bruder Leo", sagte er ruhig, „der Mensch ist erst groß, wenn er sich über seiner Hände Werk erhebt und nur noch auf Gott schaut. Dann erst bekommt er sein volles Format. Aber das ist schwer, sehr schwer. Einen Weidenkorb verbrennen, obwohl man ihn mit eigener Hand geflochten hat, das ist nichts, weißt du, selbst wenn er einem gut gelungen erscheint. Aber sich von seinem gesamten Lebenswerk trennen, das ist etwas ganz anderes. Ein solcher Verzicht geht über Menschenkraft."

„Um dem Anruf Gottes nachzukommen, setzt der Mensch seine ganze Kraft an ein bestimmtes Werk. Er tut es mit Leidenschaft und Begeisterung. Das ist gut und sogar unumgänglich. Nur Begeisterung macht kreativ. Indes, wenn man etwas zustande bringt, prägt man ihm auch seinen Stempel auf, man macht es sich zu eigen, das ist unvermeidlich. Wer Gott dienen will, gerät hier in die größte Gefahr, die ihm überhaupt drohen kann. Das Werk, das er geschaffen hat, wird für ihn in dem Maße, wie er sein Herz daran hängt, zum Mittelpunkt der Welt; es drängt ihn in den Zustand radikaler Unverfügbarkeit für Gott. Dieser Zustand muß aufgebrochen werden, anders kommt der Mensch nicht heraus. Das kann es geben, Gott sei Dank, aber was die Vorsehung dazu in Bewegung setzt, ist furchtbar: Verständnislosigkeit, Widerspruch, Leid, völliges Scheitern. Und manchmal sogar die von Gott zugelassene Sünde. Das Glaubensleben gerät in die tiefste und zugleich entscheidende Krise. Sie ist unvermeidlich. Sie kommt früher oder später und wirkt sich auf das gesamte Leben des Menschen aus. Er hat sich für sein Werk mit letzter Kraft geplagt, er hat geglaubt, selbstlos zum Ruhme Gottes beizutragen. Und plötzlich scheint Gott ihn sich selbst zu überlassen, sich für sein Tun und Lassen nicht zu interessieren. Noch schlimmer, Gott scheint von ihm zu verlangen, daß er auf sein Werk verzichtet, daß er stehen und liegen läßt, woran er in Freud und Leid so viele Jahre Seele und Leib gesetzt hat."

„Nimm deinen einzigen Sohn, den du so liebst, brich auf nach Moria und bring ihn dort als Brandopfer dar. Es gibt keinen wirklichen Diener Gottes, der nicht auch eines Tages dies schreckliche Wort vernimmt, das Gott an Abraham gerichtet hat. Abraham hatte auf das Versprechen Gottes gebaut, sein Geschlecht werde immerdar Bestand haben. Zwanzig Jahre hatte er gewartet, daß es so käme. Er hatte die Hoffnung nicht aufgegeben. Und als das Kind endlich da war, das Kind, an dem das Versprechen hing, da verlangte Gott von Abraham, es ihm zu opfern. Ohne jede Erklärung, einfach so. Der Schlag war hart, war nicht zu fassen. Eben das verlangt Gott auch von uns, heute oder morgen. Gott und Mensch reden dann anscheinend nicht mehr dieselbe Sprache. Plötzlich gibt es da Verständigungsschwierigkeiten. Gott hatte gerufen, der Mensch hatte geantwortet. Jetzt ruft der Mensch, doch Gott schweigt sich aus. Ein tragischer Augenblick, wo das religiöse Leben an Verzweiflung grenzt, wo der Mensch, ganz allein in seiner Nacht, mit dem unfaßbaren Gott ringt. Der Mensch hat geglaubt, es genüge, dies oder jenes zu tun, um Gott zu gefallen. Aber jetzt will Gott ihn selbst. Der Mensch wird nicht durch seine Werke gerettet, so gut sie sein mögen. Er selbst muß Gottes Werk werden. Er muß unter den Händen seines Schöpfers bildsamer und demütiger werden als der Ton unter den Händen des Töpfers. Biegsamer und geduldiger als die Weidenruten in den Händen des Korbflechters. Noch armseliger und einsamer als ein Stück trockenes Holz im Winterwald. Erst in dieser Bedrängnis und in diesem Eingeständnis seiner Armut wird der Mensch fähig, Gott einen Kredit in beliebiger Höhe einzuräumen: Er überläßt ihm die volle Initiative für sein Dasein und sein Heil. Er gibt sich in heiligem Gehorsam hin. Er wird Kind und erhält im schöpferischen Spiel Gottes seinen Part. Dann ist er über Schmerz und Lust hinaus, dann weiß er, was Freude und Kraft ist. Mit Gleichmut kann er die Sonne betrachten und auch den Tod. Mit dem gleichen Ernst und mit der gleichen Freude."

Leo sagte nichts. Die Lust, Fragen zu stellen, war ihm vergangen. Er verstand gewiß nicht alles, was Franziskus da zu ihm sagte, aber ihm schien, er habe noch nie einen so klaren und tiefen Blick in das Herz seines Vaters getan. Am meisten beeindruckte ihn die Gelassenheit, mit der Franziskus ihm von diesen ernsten Dingen sprach, die er offenbar aus Erfahrung kannte. Ihm fiel ein, was Franziskus ihm bei einer anderen Gelegenheit gesagt hatte. „Der Mensch weiß richtig nur das, was er durchgemacht hat." Kein Zweifel, Franziskus hatte alles, was er da sagte, selbst durchgemacht. Was er sagte, klang sehr wahr. Leo wurde sich plötzlich bewußt, daß er der bevorzugte Mitwisser einer solchen Erfahrung geworden war. Rührung und Schrecken durchfuhren ihn. Franziskus nahm seine Arbeit wieder auf. Er flocht die Weiden ohne zu zittern. Es ging ihm leicht von der Hand.

12. Heller als der Sommersonnenschein

Im Pinienwald um die Einsiedelei sangen die Zikaden. Es war Anfang Juni und sehr heiß. Eine unerbittliche Sonne flammte im blendenden Blau des Himmels, aus dem ihre steilen, harten Strahlen wie ein Feuerregen niederstürzten. Nichts war vor dieser Glut sicher. Im Walde knackten die Rinden der Bäume unter der Hitze. An den abschüssigen Berghängen, zwischen den glühenden Felsen, vertrockneten die Kräuter und wurden braun. Am Waldrand ließen auch die vom Frühlingsregen noch saftigen Sträucher und Pflanzen die Köpfe hängen. Einige Apfelbäume bei der kleinen Kapelle schienen sich allerdings trotz der Hitze gut zu halten; im Laub prangte schon die Frucht. Die nackte Sonne, ähnlich dem Feuer, prüft das Lebendige. Es muß zeigen, was es wert ist. Das Unechte widersteht ihr nicht. Sie läßt allein das Reifende bestehen. Nur der Baum, der Frucht angesetzt hat, kann sich ohne Schaden ihrer Grelle und Hitze aussetzen.

Während der besonders heißen Tagesstunden kam Franziskus gern in den Schatten der Pinien. Er hörte den Zikaden zu, und sein Herz sang mit. Seine Augen schmerzten immer noch, aber seine Seele hatte Frieden. Noch während die Sonne brannte, verspürte er schon ein wenig den Frieden der Abendstunden. Gelegentlich dachte er wohl an das kurz bevorstehende Pfingstkapitel, an die dann in Assisi versammelten Scharen von Brüdern, die er bei dieser Gelegenheit wiedersehen würde. Er stellte sich die Schwierigkeiten vor, die in seiner großen Ordensfamilie sicher wieder aufbrechen und noch weiter um sich greifen würden, stärker und härter denn je. Aber inzwischen konnte er ohne die geringste Unruhe daran denken, es zog ihm das Herz nicht mehr zusammen. Selbst die schmerzlichen Erinnerungen, die bei diesen Gedanken unweigerlich in seiner Seele aufstiegen, taten seiner Gelassenheit nichts an. Nicht, daß er gleichgültig geworden wäre. Die Liebe zu seinen Brüdern und die Forderungen, die er an sie stellen mußte, waren nur noch gewachsen und hatten sich abgeklärt. Aber er selbst hatte nun Frieden. Auch für ihn war die Stunde der Reifung gekommen. Es beunruhigte ihn nicht, ob er viel Frucht bringen würde, aber er war darauf bedacht, daß es gesunde Frucht würde. Nur darauf kam es an. Er war sich sicher, daß ihm alles andere hinzugegeben würde. Die Zikaden über ihm sangen immer noch. Ihre schrillen Töne waren wie sprühendes Feuer, sie fielen aus dem hohen Geäst wie Flammenzungen.

Franziskus saß noch im Schatten der Pinien, als er einen schlanken, noch jungen Bruder langsam, aber festen Schrittes quer durch den Wald herankommen sah. Er erkannte Bruder Tankred. Franziskus stand auf, ging ihm entgegen und umarmte ihn.

„Friede sei mit dir", sagte er. „Welch liebe Überraschung. Du mußt den Berg herauf schön geschwitzt haben."

„Ja, Vater." Der Bruder wischte sich mit dem Ärmel Stirn und Gesicht. „Aber das, das ist nicht wichtig."

Der Bruder schüttelte den Kopf und holte tief Atem. Franziskus bat ihn, sich zu ihm in den Schatten der Pinien zu setzen.

„Wo fehlt's denn? Erzähl!"

„Du weißt ja Bescheid, Vater. Seit du nicht mehr unter uns bist, nicht mehr an der Spitze stehst, ist die Lage immer schlimmer geworden. Die Brüder – ich meine die, die der Regel und deinem Beispiel treu bleiben wollen – sind entmutigt und wissen den Weg nicht mehr. Man sagt ihnen und sagt ihnen immer wieder, daß du passé bist, daß wir uns anpassen und uns deshalb an der Organisation der anderen großen Orden orientieren müssen. Und daß wir Wissenschaftler ausbilden müssen, die sich mit denen der anderen Orden messen können. Daß man – Einfalt und Armut in allen Ehren – nichts übertreiben darf und daß es damit jedenfalls nicht getan ist.

Daß auch Wissenschaft, Einfluß und Geld unentbehrlich sind, wenn man etwas bewegen, etwas zustande bringen will. So reden sie."

„Es sind wohl immer dieselben, die so sprechen."

„Ja, Vater, es sind dieselben. Du kennst sie. Wir nennen sie die Neuerer, aber sie haben viele irregeführt. Und das Schlimme ist, daß manche Brüder aus Reaktion gegen jene anderen sich in allen möglichen Überspanntheiten übelster Art ergeben, unter dem Vorwand der Strenge und der Einfachheit des Evangeliums. So zum Beispiel einige Brüder, die der Bischof von Fondi noch vor kurzem zur Ordnung gerufen hat, weil sie sich völlig vernachlässigten und sich einen unmäßig langen Bart wachsen ließen. Andere haben den Gehorsam aufgekündigt und geheiratet. Sie sind sich nicht klar darüber, daß sie durch ein solches Verhalten die Brüder insgesamt in Mißkredit bringen und Wasser auf die Mühlen der Neuerer leiten. Angesichts solcher Mißbräuche haben die anderen leichtes Spiel, sich durchzusetzen; sie spielen sich als die Verteidiger der Regel auf. Zwischen diesen Neuerern und solchen Exzentrikern steht die kleine Herde der Getreuen und klagt, daß sie keinen Hirten hat. Es ist schon ein rechtes Elend. Schließlich steht das Pfingstkapitel bevor. Das ist unsere letzte Hoffnung. Kommst du hin, Vater?"

„Ja, ich komme, ich werde mich bald auf den Weg machen."

„Die treu gebliebenen Brüder hoffen, daß du die Leitung des Ordens wieder in die Hand nimmst, die Mißbräuche abschaffst und die Widerspenstigen zur Raison bringst. Es ist höchste Zeit."

„Glaubst du, daß die anderen mich noch wollen?"

„Du mußt dich durchsetzen, Vater, eine kräftige und klare Sprache sprechen und mit Strafen drohen. Du mußt ihnen ins Angesicht widerstehen. Das ist das einzige Mittel."

Franziskus antwortete nicht. Die Zikaden sangen. Es ging dann und wann wie ein Atmen durch den Wald. Durch die Pinien wehte eine leichte Brise, und darin schwang der kräftige

Duft des Harzes. Franziskus schwieg. Er starrte auf den mit trockenen Nadeln und Zweigen übersäten Waldboden. Ihm kam der Gedanke, daß der kleinste, unabsichtlich auf diesen Teppich geworfene Funke genügen würde, den ganzen Wald in Brand zu setzen.

„Hör zu", sagte Franziskus nach kurzem Schweigen. „Ich will dir deine Illusionen nehmen. Ich rede ganz offen mit dir, weil du es so willst. Ich würde mich nicht als Minderbruder betrachten, wenn ich mir nicht über folgendes klar wäre: Ich bin der Obere meiner Brüder, ich gehe zum Kapitel, spreche zu den Brüdern, gebe meine Anweisungen, und nachher sagen sie mir: Du hast nicht, was wir brauchen, du bist ungebildet, du stellst nichts dar. Wir wollen von dir als Oberen nichts mehr wissen, denn du kannst nicht reden, bist einfältig, bist beschränkt. Man beschimpft mich, alle verachten mich und so werde ich davongejagt. Und nun hör gut zu: Wenn ich darüber meine Haltung, meine innere Gelassenheit und den Willen, mich zu heiligen, verliere, dann bin ich nicht, aber wirklich und wahrhaftig nicht ein Minderbruder."

„Schön und gut, Vater, aber damit ist das Problem nicht gelöst."

„Welches Problem?"

Tankred war völlig verblüfft.

„Welches Problem?", wiederholte Franziskus.

„Das Problem des Ordens natürlich. Du hast mir erklärt, was du denkst und fühlst. Ich bewundere dich. Aber du kannst nicht auf diesem persönlichen Standpunkt beharren und einzig an deine Vervollkommnung denken. Da sind noch die anderen, du leitest den Orden, du bist ihr Vater. Du kannst sie nicht im Stich lassen. Sie haben Anspruch darauf, daß du ihnen beistehst. Du darfst nicht so tun, als gäbe es sie nicht."

„Richtig, Tankred, da sind noch die anderen. Ich denke oft an sie, glaub mir. Aber man hilft den Menschen nicht, sich in der Sanftmut und Geduld des Evangeliums zu üben, wenn man anfängt, alle, die nicht unserer Meinung sind, mit den

Fäusten zu bearbeiten. Aber man hilft ihnen, wenn man selbst die Schläge einsteckt."

„Aber es gibt auch den Zorn Gottes, was machst du damit?", erwiderte Tankred lebhaft. „Es gibt einen heiligen Zorn. Christus hat den Händlern die Peitsche um die Ohren geschlagen und die Geißel gewiß nicht nur mal über ihren Köpfen geschwungen. Bisweilen müssen die Händler aus dem Tempel gejagt werden. Jawohl, und derart, daß ihre Sachen in Fetzen fliegen. Auch das heißt, Christus nachfolgen."

Tankred sprach laut und zornig. In heftigem Ton, schroff gestikulierend und mit hochrotem Kopf redete er auf Franziskus ein. Er wollte aufstehen, aber Franziskus legte ihm die Hand auf die Schulter und hielt ihn zurück.

„Ruhe, Bruder Tankred, hör mir mal zu. Wenn der Herr sich alles Unreine und Unwürdige aus den Augen schaffen wollte, glaubst du, es wäre viel, was vor ihm Gnade fände? Nein, mein armer Freund, wir alle bekämen den Besen zu spüren. Wir so gut wie die anderen. Der Unterschied zwischen den Menschen ist in dieser Hinsicht nicht sonderlich groß. Zum Glück ist es nicht Gottes Art von Hausputz, daß alles auf die Straße fliegt. Das rettet uns. Nur einmal hat er die Händler aus dem Tempel getrieben. Er tat es, um uns klarzumachen, daß er es konnte und daß er Herr in seinem Hause war. Aber er hat es nur einmal getan und sozusagen nebenher, übersieh das nicht. Danach hat er sich selbst den Schlägen seiner Verfolger ausgeliefert. Damit hat er uns gezeigt, was göttliche Geduld ist. Sie ist nicht Unfähigkeit zur Strenge, sondern ein Entschluß zur Liebe, der nicht revidiert wird."

„Gewiß, Vater, aber wenn du es so machst, wie du sagst, gibst du die Partie schlicht und einfach verloren. Der Orden geht zugrunde. Sehr zum Schaden der Kirche. Statt eines neuen Aufbruchs wird sie wieder einmal einen Zusammenbruch erleben. Das ist alles."

„Und ich sage dir, der Orden wird trotz allem bestehen bleiben", versicherte Franziskus nachdrücklich, aber noch immer ganz ruhig. „Der Herr hat es mir zugesichert. Die Zukunft des Ordens ist seine Sache. Wenn Brüder untreu werden, wird er andere berufen. Die sind vielleicht schon geboren. Von mir jedenfalls hat der Herr nicht verlangt, die Menschen durch die Kunst der Rede oder die Argumente der Wissenschaft zu überzeugen, und noch weniger, sie zu zwingen. Er hat mich einfach wissen lassen, daß ich nach dem heiligen Evangelium leben sollte. Und als er mir Brüder zuführte, ließ ich eine kurze Regel niederschreiben, der Papst hat sie mir bestätigt. Wir wollten nichts vorstellen, wir ordneten uns allen unter. Und so will ich es halten bis ans Ende."

„Man muß also die anderen machen lassen, was sie wollen, muß alles zugrunde gehen lassen und soll nichts dazu sagen?"

„Ich jedenfalls, ich will mich allen Menschen und allen Geschöpfen dieser Welt unterordnen, wie und soweit unser Herr im Himmel es fügt. Dafür ist man Minderbruder."

„Nein, Vater, da kann ich dir nicht folgen, wirklich nicht, ich begreife dich nicht."

„Du begreifst mich nicht, weil diese demütige und dienende Haltung dir feige und passiv vorkommt. Aber es geht um etwas ganz anderes. Auch ich habe das lange nicht begriffen. Ich habe nächtelang um mich geschlagen wie ein armer Vogel in der Schlinge. Aber der Herr hatte Mitleid mit mir. Er hat mir gezeigt, daß der Mensch seine höchste Aktivität und Reife nicht dadurch beweist, daß er einer Idee nachrennt, so erhaben und gottgefällig sie sein mag, sondern dadurch, daß er demütig und fröhlich akzeptiert, was ist, alles was ist. Der Mensch, der seiner Idee nachläuft, ist in sich selbst eingesperrt. Er hat nicht den richtigen Kontakt mit den Dingen. Er macht nie Bekanntschaft mit der Welt. Ihm fehlen die Stille, die Tiefe, der Friede. Der Mensch hat Tiefe, wenn er stark genug ist, Dingen und Menschen Einlaß in sich zu gewähren. Die meisten Menschen bleiben, entgegen allem Anschein, in sich gefangen. Sie gleichen Insekten, denen es nicht gelingt, während ihrer Reifung die Hüllen abzustoßen. Solche Menschen treibt es in ihren

Grenzen verzweifelt um und um, und schließlich stehen sie wieder am Anfang. Sie glauben, etwas in der Welt bewegt, aber sie sterben, ohne auch nur ihr Licht erblickt zu haben. Sie sind nie zur Wirklichkeit erwacht. Sie haben in Träumen gelebt."

Tankred schwieg. Was Franziskus sagte, erschien ihm sehr sonderbar. Wer träumte hier, Franziskus oder er selbst? Es irritierte ihn, daß er zu den Träumern gehören sollte. Er war seiner selbst und all dessen, was er sah und fühlte, sicher.

„Demnach sind alle, die versuchen, etwas in dieser Welt zuwege zu bringen, Träumer."

„Das sage ich nicht, aber ich sage, es ist schwierig, die Wirklichkeit zu akzeptieren. Und wenn man ehrlich sein will: Kein Mensch akzeptiert sie jemals ganz. Wir wollen uns, so oder so, immer ein Stück größer haben. Darauf zielt das meiste, das wir tun. Selbst wenn wir für das Reich Gottes zu arbeiten glauben, auch dann wollen wir sehr oft das andere. Bis zu dem Tage, an dem wir scheitern, abgründig scheitern, dann bleibt uns nichts als diese unfaßbare Wirklichkeit: Gott existiert. Dann entdecken wir, daß nur er allmächtig, daß er allein heilig und gut ist. Der Mensch, der diese Wirklichkeit akzeptiert und sich ihrer von Herzen freut, der hat Frieden gefunden. Gott existiert, und das genügt. Was auch passiert, es gibt Gott und Gottes Herrlichkeit. Gott ist Gott, das genügt. Nur der Mensch, der Gott so akzeptiert, ist fähig, auch sich selbst wirklich zu akzeptieren. Er macht sich frei von jedem Eigenwillen. Nichts in ihm vermag mehr das schöpferische Spiel Gottes zu stören. Sein Wollen ist ganz einfach und zugleich so weit und tief geworden wie die Welt, ist ein einfaches und lauteres Ja zu Gott geworden, der alles umfängt, der alles an sich zieht. Nichts steht mehr zwischen dem Menschen und dem schöpferischen Akt Gottes. Der Mensch überläßt sich ganz dem Zugriff Gottes, der aus ihm macht, was er will, ihn führt, wohin er will. Und dieser heilige Gehorsam gewährt ihm Zugang zu den Tiefen der Welt, zu jener Macht, die die Sterne bewegt und noch die bescheidensten Feldblumen zu herrlicher Blüte bringt.

Dieser Mensch kennt sich aus in der Welt. Er kommt jener souveränen Güte auf die Spur, die alle Wesen hervorgebracht hat und sie alle eines Tages ganz ausfüllen wird. Aber er sieht diese Güte schon jetzt in jedem Wesen am Werk. Auch er selbst ist in diese allumfassende Güte einbezogen. Er wird barmherzig, der Sonne ähnlich und dem Vater, der diese seine Sonne mit gleicher Großmut auf Gute und Böse scheinen läßt. Bruder Tankred, groß ist die Herrlichkeit Gottes. Und die Welt strömt über von seiner Schönheit und seiner Barmherzigkeit."

„Aber in der Welt gibt es auch Sünde und Bosheit", erwiderte Bruder Tankred. „Davor können wir die Augen nicht verschließen. Und es darf uns auch nicht gleichgültig sein. Wehe uns, wenn die Bösen sich, weil wir schweigen und nichts tun, in ihrer Bosheit verhärten und am Ende triumphieren."

„Richtig, Bosheit und Sünde dürfen uns nicht gleichgültig lassen, aber sie dürfen uns auch nicht verunsichern und verstören, das würde nur die Liebe in uns und den anderen behindern. Wir müssen lernen, Bosheit und Sünde mit den Augen Gottes zu betrachten. Eben das ist so schwer. Denn wo wir natürlicherweise etwas für sündhaft, verwerflich und strafwürdig halten, sieht Gott zuerst eine Not, die nach Hilfe schreit. Der Allmächtige ist zugleich das sanfteste, das geduldigste Wesen. In Gott ist nicht die geringste Spur von Groll. Wenn das Geschöpf sich gegen ihn erhebt und ihn beleidigt, bleibt es in seinen Augen doch immer sein Geschöpf. Sicher könnte er es vernichten. Aber welche Freude kann Gott darin finden, zu vernichten, was er mit soviel Liebe gemacht hat? Alles, was er erschuf, wurzelt tief in ihm. Kein Wesen ist so wehrlos, wie er vor seinen Geschöpfen. Wie eine Mutter vor ihrem Kind. Da liegt das Geheimnis jener unermeßlichen Geduld, die uns bisweilen zum Ärgernis wird."

„Gott gleicht jenem Vater, der zu seinen erwachsenen und auf Unabhängigkeit drängenden Kindern sagte: Ihr wollt gehen, ihr brennt darauf, euer eigenes Leben zu führen, jeder für sich. Gut, aber ich will euch eins sagen, ehe ihr geht: Wenn ihr eines Tages Kummer habt, wenn ihr in Not seid, denkt daran, daß ich noch immer da bin. Meine Tür steht euch Tag und Nacht offen. Ihr könnt immer kommen. Ihr werdet dann wieder daheim sein, und ich werde alles tun, um euch zu helfen. Wären euch alle Türen verschlossen, meine steht offen. So ist Gott, Bruder Tankred. Niemand liebt so wie er. Aber wir müssen mindestens versuchen, es ihm gleich zu tun. Bis jetzt haben wir noch nichts getan. Fangen wir also an, etwas zu tun."

„Aber wo soll man anfangen?"

„Das Dringendste ist, das man nach dem Geist des Herrn verlangt. Er allein kann uns gut, grundgut machen und kann bewirken, daß diese Güte nichts anderes mehr ist als der Urgrund unseres Wesens."

Nach einem kurzen Schweigen fuhr er fort: „Der Herr hat uns ausgeschickt, den Menschen das Evangelium zu verkünden. Aber hast du schon darüber nachgedacht, was das heißt? Man bringt einem Menschen das Evangelium, indem man zu ihm sagt: Auch dich liebt Gott in unserem Herrn Jesus Christus. Und man darf es ihm nicht nur sagen, man muß es auch wirklich denken. Und es nicht nur denken, sondern man muß mit diesem Menschen so umgehen, daß er fühlt und begreift, daß es in ihm etwas gibt, das nicht zugrunde geht, etwas Größeres und Adeligeres, als er selbst gedacht hat; man muß so mit ihm umgehen, daß sich ein neues Selbstbewußtsein in ihm entwickelt. Das heißt, ihm die Frohe Botschaft bringen. Es gelingt dir nicht, wenn du ihm nicht deine Freundschaft anbietest. Eine richtige, eine selbstlose, keine herablassende Freundschaft, eine Freundschaft, die auf Vertrauen und Respekt gründet."

„Wir müssen auf die Menschen zugehen. Der Auftrag ist heikel. Die Welt der Menschen ist ein riesiges Schlachtfeld, auf dem um Reichtum und Macht gekämpft wird. Gottes Angesicht wird ihnen von allzuviel Leid und zuviel Grausamkeit verstellt. Vor allem dürfen sie nicht den Eindruck haben, wir kämen als eine neue Art von Konkurrenten. Wir müssen unter ihnen die friedfertigen Zeugen des Allmächtigen sein, Menschen, frei sowohl von Gier wie von Verachtung, die das Zeug dazu haben, mit ihnen tatsächlich Freund zu werden. Sie erwarten gerade unsere Freundschaft, eine Freundschaft, die sie fühlen läßt, daß sie von Gott geliebt und in Jesus Christus gerettet werden."

Die Sonne war hinter den Bergen verschwunden. Es war plötzlich frisch geworden. Der Abendwind war aufgekommen und rüttelte an den Bäumen. Es war schon fast dunkel, und von überall her hörte man den nicht abreißenden Gesang der Zikaden.